FAFNER
ALS DRACHE
BRÜNNHILDE
SIEGFRIED
SIEGMUND
UND
SIEGLINDE
MIME

Sonny Kunst

Die Geschichte vom Ring des Nibelungen

Allegra Musikverlag

MH 9024

EDITION HIEBER IM ALLEGRA MUSIKVERLAG · FRANKFURT AM MAIN

2. Auflage 2007

Satz und Lithos: Reisdruck GmbH & Co. KG, Frankfurt am Main
Druck: Gemi s.r.o., Prag
ISBN 978-3-938223-31-4
ISMN M-2017-9024-4

Sonny Kunst

Die Geschichte vom Ring des Nibelungen

Erzählt nach Richard Wagners »Der Ring des Nibelungen«
mit Bildern von Monika Laimgruber

Für
Alfred
Beate
Frederik
Julia
Lena
Martin
Philipp
Sebastian
Sigrid
Stefanie
Werner
und jeden,
der es mag.

Philipps Eltern gehen aus

»Was, so früh schon Abendessen? Wollt ihr noch weg?«, fragt Philipp seine Eltern.
»Ja ...«
»Und wohin?«
»In die Oper.«
»Schon wieder? Da seid ihr doch gestern erst gewesen.«
»Eben darum, die Geschichte geht heute weiter.«, sagt Vater.
»Ach so, 'ne Fortsetzungsgeschichte ist das, und nun seid ihr neugierig, wie's weitergeht.«
»So ungefähr. Das heißt, eigentlich wissen wir, was weiter passiert.«
»Und dann geht ihr trotzdem? Ist das denn noch spannend?«
»Und wie! Außerdem haben wir Freude an der Musik.«
»Was ist denn da los? Erzähl mal!«
»Na schön, nach dem Essen, bis Mutter fertig ist.«
»Au prima!«
Philipp ist heute schneller als die Eltern mit Essen fertig und muss sich noch ein Weilchen gedulden, bis Vater beginnt: »Also – die ganze Oper heißt ›Der Ring des Nibelungen‹ und ist endlos lang. Richard Wagner hat sich die Geschichte ausgedacht, er hat auch die Musik dazu geschrieben. Das liegt zurück, er lebte von 1813 bis 1883. Man braucht für die Aufführung vier Abende. Der erste Teil heißt ›Das Rheingold‹, dann folgt ›Die Walküre‹, danach kommt ›Siegfried‹ und schließlich ›Götterdämmerung‹.«
»Komische Namen sind das.«
»Ja, manche. Aber ich erzähl erst mal von gestern, vom Rheingold. Den Rhein kennst du ja, da haben wir mal 'ne Dampferfahrt gemacht.«
»Ich weiß...«

Das Rheingold

Der Raub des Goldes

Es war einmal ein Schatz, ein richtiger Goldschatz. Er ruhte auf dem Grund des Rheines, tief unten im Wasser, wo die Rheintöchter ihr Reich haben. Das sind Nixen, anmutige Wesen, die sich in den Fluten tummeln, sich necken, fröhlichen Schabernack treiben und flink wie die Fische zwischen den Felsen umherschwimmen.

Den Rheintöchtern gehört der Goldschatz. Sie freuen sich darüber, wie Kinder sich über ihr liebstes Spielzeug freuen. Wenn Sonnenlicht durchs Wasser dringt und ein Strahl auf das Gold fällt, blitzt es hell auf. Dann jubeln die Nixen vor Entzücken.

Sie wissen, dass sie diesen Schatz gut hüten müssen. Doch das kümmert sie wenig. Sie sind sorglose Geschöpfe. Wer sollte sich auch zu ihnen verirren? Keine fremde Seele weit und breit – sind sie nicht ganz unter sich da unten? So denken sie. Und so geht es lange Zeit, bis eines Tages unerwarteter Besuch kommt.

Zwischen den Felsen klettert jemand nach oben. Er steigt aus dunkler Schlucht zu ihnen herauf. Jetzt erkennen sie ihn: Alberich, der aus Nibelheim kommt, dem Reich weit unten in der Erde. Es ist das Reich der Zwerge, Alberich ist ihr Herrscher. Als er die Rheintöchter im Wasser herumtollen sieht, hält er inne. Er sieht ihnen eine Weile zu und verliebt sich sogleich in die schönen Mädchen. Und er wünscht sich nichts sehnlicher, als eine von ihnen zur Frau zu gewinnen.

Alberich spricht die Nixen an, aber keine scheint ihn zu wollen. Sie nehmen Reißaus. Er verfolgt sie. Er schwingt sich behende von Fels zu Fels. Eine der Nixen möchte er gar zu gern fangen. Doch sie entwischen ihm immer wieder, sind im Wasser schneller als er, treiben ihr Spiel mit ihm und lachen ihn aus. Das ärgert Alberich. Was seid ihr doch für alberne Dinger, denkt er, aber wartet – das sollt ihr mir büßen! Wütend ballt er die Hand

zur Faust. Da bricht auf einmal helles Licht durch das Wasser und blendet ihn mit seinem Glanz. Alberich ist verwirrt und fragt: »Was ist das?«

Die Nixen machen sich lustig über die Frage. Sollte Alberich noch nie etwas vom Rheingold gehört haben? »Der weiß wohl nichts von unserem Schatz«, sagt die erste.

Die zweite entgegnet besorgt: »Du solltest lieber schweigen und das Gold hüten.«

»Sei nicht so ängstlich«, sagt die erste, »der dumme Zwerg kennt das Geheimnis nicht, wenn er nicht einmal etwas vom Rheingold weiß. Woher sollte er wissen, dass sich aus dem Gold ein Ring schmieden lässt, der Macht über die ganze Welt verleiht?«

Die dritte Nixe mahnt: »Haltet den Mund! Ihr habt schon viel zu viel geplappert, viel mehr, als gut ist.«

Zu spät. Die Warnung ist in den Wind gesprochen. Die erste Nixe kann nicht schweigen. Sie plaudert weiter: »Was kümmert euch die Sache? Ihr kennt doch die Bedingung. Ihr wisst doch, dass nur derjenige das Gold zum Ring schmieden kann, der für immer auf Liebe verzichtet. Und welcher Mann will das schon? Sogar dieser hässliche Zwerg hier hat verliebt getan und uns umgarnt. Da ist für das Gold doch keine Gefahr!«

Alberich ist ganz still geworden. Das Geplapper der Nixen nimmt ihn gefangen. Gebannt achtet er auf jedes einzelne Wort und merkt es sich haargenau. Dann weiß er genug. Die Gedanken rasen ihm nur so durch den Kopf: Schmählich haben ihn die Nixen behandelt. Ausgelacht haben sie ihn und verspottet. Sie halten ihn für dumm. Die werden sich wundern! Das lässt sich Alberich nicht bieten! Wenn er auch bis jetzt noch nicht wusste, wie er sich rächen würde – die Rheintöchter selbst haben ihm den Weg gewiesen.

Alberich hat sich entschieden. Blitzschnell springt er auf und läuft geradewegs auf den goldenen Schein zu. Ein Schauder packt die Mädchen, als der Nibelung mit grässlicher Stimme die Liebe verflucht. Hastig reißt er den Goldschatz an sich, umklammert ihn fest und stürzt damit in die Tiefe, hinab nach

Nibelheim. »Hilfe, Hilfe!« schreien die Rheintöchter voller Entsetzen, »Haltet den Räuber, rettet das Gold!«

Wer aber sollte ihr Schreien hören? Niemand kommt zu Hilfe. Aus der Tiefe schallt schadenfrohes, böses Gelächter herauf. Es tönt fort und fort, ist lange noch zu hören.

Der Schreck ist den Nixen in die Glieder gefahren. Wie erstarrt sitzen sie da im Dunkeln. Kein goldener Schein erhellt mehr die Fluten. Eben noch waren sie fröhlich und übermütig. Nun lassen sie traurig die Köpfe hängen. Sie jammern wie Kinder, denen ihr liebstes Spielzeug weggenommen wurde. Arglos sind sie gewesen, das ist leider wahr – und mehr als leichtsinnig. Aber durfte Alberich sie deswegen bestehlen? Das Gold gehört ganz allein ihnen. Der Zwerg muss es zurückgeben.

Nun hätte tief unten in den Fluten wohl so bald niemand die Klagen der Rheintöchter gehört, wenn nicht – ja, wenn nicht zufällig Loge vorbeigekommen wäre, der Gott Loge, der sich im Kreis der Götter nicht wohl fühlt und viel unterwegs ist. Ruhelos durchstreift er die Welt nach allen Himmelsrichtungen, durchstöbert sie bis in den letzten Winkel.

Loge kommt den Nixen wie gerufen. Endlich jemand, dem sie ihr Leid klagen können! Er solle doch sofort dem Göttervater Wotan den Diebstahl melden, bitten sie flehentlich, damit er den Räuber bestrafe und ihnen ihr Eigentum zurückgebe.

Wotan in Bedrängnis

Während die Nixen traurig im Dunkeln hocken, ist Wotan, der Göttervater, glücklich wie seit langem nicht. Die neue Götterburg ist fertig. Wotan kann sich nicht satt sehen an dem prachtvollen Bau. Mächtig erhebt sich Walhall auf dem Felsengipfel, und voll Stolz gleitet Wotans Blick über die Zinnen, die in der Morgensonne aufblinken, als wollten sie ihn grüßen.

Alle Himmel! Eine starke und schöne Burg, ein großartiger Besitz, der Wotans Ansehen und Macht vergrößert, ein Sitz für die Götter, um über die Welt zu herrschen. Wotan ist vollauf zufrieden.

Bei Fricka, seiner Frau, will sich allerdings keine Freude einstellen. Fricka macht sich Sorgen. Wäre der Bau bloß erst bezahlt! Fafner und Fasolt, die beiden Riesen, werden kommen und ihren Lohn fordern. Sie haben nämlich die Burg für Wotan gebaut. Den Preis haben sie vorher vereinbart. Und eben dieser Preis macht Fricka nun Kummer.

Von Anfang an war ihr die Sache nicht geheuer; haben die Riesen sich doch als Lohn die liebliche Göttin Freia ausbedungen! Nicht zu fassen, ausgerechnet Freia, die keiner der Götter entbehren kann. Freia pflegt einen Garten, in dem goldene Äpfel wachsen. Davon müssen die Götter täglich essen, damit sie nicht altern und sterben. Dann hätte Wotan also seine eigene Unsterblichkeit aufs Spiel gesetzt für eine Burg …

Niemals jedoch wollte Wotan Freia den Riesen geben. Loge aber riet ihm zu dem Handel. Erst einmal sollten Fafner und Fasolt bauen, hatte Loge gemeint. Die Bezahlung könne man später auch anders regeln, das würde sich schon finden.

Ein äußerst bedenklicher Rat, gewiss, aber Wotan bedachte ihn eben nicht. Er wollte ihn auch gar nicht bedenken, er wollte die Burg um jeden Preis. Auch wenn Loges Ratschläge nie wirklich gut waren, auf eines war bei ihm Verlass: Der Listige fand immer einen Ausweg. Aufgeregt kommt Freia soeben gelaufen, außer Atem und arg bedrängt von den Riesen, die ihr mit großen Schritten folgen. Sie haben starke Pfähle dabei. Entschlossen stapfen sie näher, um den versprochenen Lohn einzutreiben.

Wotan gibt sich gelassen, obschon sein Herz schneller schlägt und Ärger in ihm aufsteigt. Er weigert sich, Freia herzugeben, und bietet den Riesen einen anderen Lohn an. Doch Fafner und Fasolt bestehen auf ihrer Forderung. Verflixt, denkt der Göttervater, wenn Loge bloß hier wäre! Lange wird er die beiden nicht mehr hinhalten können. Die enttäuschten Riesen fühlen sich ausgenutzt und hintergangen. Ihre Wut wächst. Endlich – da hinten! Sieht Wotan richtig? Das ist doch Loge, der aus dem Tal heraufschlendert, oder etwa nicht? Jetzt gilt es nur noch, die blöden Riesen ein Weilchen zu vertrösten, sie zu beschwichtigen. Wenn Loge sich doch beeilte!

Aber dieser Spitzbube denkt gar nicht daran, schneller zu gehen. Im Gegenteil, es macht ihm Spaß, unentbehrlich zu sein und die großen Götter warten zu sehen, die sich inzwischen alle hier versammelt haben. Endlich ist Loge da. Er erzählt ausführlich, was er alles in der Welt erlebt hat, auch von dem Unglück, das den Rheintöchtern widerfahren ist. »Ich soll dir von den Nixen ausrichten, dass sie deine Hilfe brauchen, Wotan. Der Schatz muss zurück zu den Eigentümern, zurück in die Fluten!«

Fafner und Fasolt bekommen große Ohren. Dieser widerliche Nibelung Alberich, den sie noch nie ausstehen konnten, ist jetzt ein reicher Mann geworden? Und das so einfach durch Raub? Nein, das gönnen sie ihm keinesfalls. Das lässt ihr Neid nicht zu.

Die Riesen entfernen sich ein Stück weit von den anderen, um sich ungestört zu beraten. Alberichs neuer Reichtum hat die Lage mit einem Schlag verändert. Vielleicht sollten sie doch einen anderen Lohn fordern? Wie wäre es, wenn sie statt Freia das Gold verlangten?

Loge erzählt indessen weiter. Er berichtet, dass Alberich für immer der Liebe entsagt und den Ring bereits geschmiedet hat, der ihm nun maßlose Macht verleiht. Wen wundert es, dass Wotan bei dieser Nachricht außer sich gerät? Ihm steht nun einmal die Macht über die Welt zu und sonst niemandem. »Den Ring muss ich haben!« stellt er sofort und mit größter Bestimmtheit fest. Auch die anderen Götter raten dringend, Alberich den Ring wieder abzunehmen, bevor das Unheil größer wird. Man stelle sich vor: Ein mickriger Zwerg soll mehr Macht haben als alle unsterblichen Götter! Aber wie können sie in den Besitz des Ringes kommen? Sie sehen keinen Weg. Sie sind ratlos.

Wieder einmal ist es Loge, dem einfällt, was nahel iegt: »Wie das zu machen ist? Durch Raub natürlich! Du, Wotan, stiehlst doch nur, was Alberich auch gestohlen hat.« Kaum sind die Worte heraus, da scheint Loge sein ungeheuerlicher Vorschlag selbst zu erschrecken, denn er fügt schnell hinzu: »Dann strafst du den Nibelung und gibst den Rheintöchtern zurück, worum sie dich inständig bitten.«

Fafner und Fasolt kehren zurück. Wenn sie schon nicht alles mitbekommen haben, was Loge sagte, so sind sie doch zu einem Entschluss gelangt. Sie haben es sich anders überlegt und bestehen nicht mehr auf dem vereinbarten Lohn. Freia soll den Göttern bleiben – sie wollen statt dessen Alberichs Gold.

Wotan traut seinen Ohren nicht. Was fordern die unverschämten Tölpel? Alberichs Gold? »Ihr seid wohl nicht bei Sinnen«, herrscht er sie an, »wie kann ich euch denn geben, was ich selbst gar nicht besitze!«

Nun reicht es den Riesen. Sie packen Freia kurzerhand und führen sie mit sich fort. »Wir behalten Freia als Pfand bis zum Abend!«, sagen sie im Weggehen. »Wenn das Gold bis dahin nicht bereitliegt, behalten wir Freia für immer.«

»So helft mir doch und rettet mich!« ruft Freia zu Tode erschrocken. Aber die Götter rühren sich nicht. Sie stehen hilflos da, sind wie vom Donner gerührt, wie vom Blitz getroffen und wissen keinen Rat. Die Riesen haben Freia als Beute über die Schulter gelegt und stapfen mit ihr zu Tal.

Hinab nach Nibelheim

Die Götter stehen wie angewurzelt. Sie fühlen sich ohnmächtig wie nie zuvor – ganz ohne Macht. Dabei ist doch eigentlich nur eingetreten, was vor Baubeginn ausgemacht war. Forschend schauen sie einander an. Sind sie nicht schon grauer geworden, sind sie etwa schon gealtert? Von Freias Äpfeln gab es heute ja noch keinen.

»Da siehst du, wohin uns dein Leichtsinn gebracht hat!«, hält Fricka ihrem Mann vor. Der kann nichts darauf erwidern, weiß er doch beim besten Willen nicht, wie er aus dem Schlamassel wieder herauskommen soll. Er muss handeln, soviel ist klar – und die Zeit drängt. Also muss er etwas unternehmen. Aber was? Er muss die Riesen zufrieden stellen, ob er will oder nicht, denn die Götter können Freia um nichts auf der Welt entbehren.

»Los, Loge! Wir müssen nach Nibelheim hinab!«, entscheidet Wotan. Beide machen sich auf den Weg, allerdings nicht durch den Rhein, denn den Nixen möchten sie jetzt keinesfalls begegnen – das könnte peinlich werden. Also steigen sie abwärts durch die Schwefelkluft.

In Nibelheim hat sich das Leben verändert, seit Alberich den Ring besitzt – und mit ihm maßlose Macht. Früher grub das Nibelungenvölkchen tief in der Erde nach Erz, schmolz dann das Gold heraus und schmiedete sich Schmuck zur eigenen Freude.

Den Zwergen ging es gut, sie waren lustig und guter Dinge und führten ein sorgloses Leben. Jetzt zittern sie vor Alberich. Nur für ihn müssen sie sich plagen, und sind sie dabei nicht schnell genug, sausen Peitschenhiebe nieder, ohne Erbarmen.

Die Schätze werden aufgehäuft, höher und höher wird das Gold geschichtet, längst hat niemand mehr Freude daran. Außer Alberich natürlich, der seinen Schatz eifersüchtig bewacht und dafür sorgt, dass der Hort von Tag zu Tag größer wird.

Am schlimmsten geht es Mime, Alberichs Bruder. Weil er der geschickteste von allen Schmieden ist, hat er den Auftrag, eine Tarnkappe anzufertigen, die den Träger unsichtbar machen und verwandeln kann, ein Maschenwerk wie eine Mütze aus fein gewirkten Metallfäden. Mime würde gern damit fliehen, um dem elenden Leben zu entkommen. Aber Alberich ahnt wohl die geheime Absicht des Bruders und passt höllisch auf. Kaum ist Mime mit der Kappe fertig – er hat die Arbeit noch nicht aus der Hand gelegt –, da hat Alberich sie ihm bereits entrissen. Er kann es nicht erwarten, die wunderbare Wirkung der Tarnkappe zu erproben.

»Nacht und Nebel, niemand gleich!«, hört Mime gerade noch, bevor Alberich verschwunden ist. Er scheint sich aufgelöst zu haben in Nichts – doch nein, an seiner Stelle steht jetzt eine Nebelsäule. Unsichtbare Peitschenhiebe treffen den wehrlosen Mime. Stöhnend vor Schmerzen wälzt er sich am Boden. In dieser kläglichen Lage finden Wotan und Loge den Bedauernswerten bei ihrer Ankunft in Nibelheim, und so erfahren sie die ganze Geschichte.

Alberich hat inzwischen wieder seine eigene Gestalt angenommen. Er bemerkt die ungebetenen Besucher zwar, doch lässt er sich Zeit mit der Begrüßung. Erst muss er das Nibelungenvolk zur Arbeit antreiben. Dazu zieht der Herrscher seinen Ring vom Finger – das Kleinod, das einmalig ist auf der Welt –, küsst ihn, streckt ihn drohend aus und erteilt dabei strenge Befehle. Heulend und kreischend schlüpfen die verängstigten Zwerge nach allen Seiten in die Schächte. Mit ihnen auch Mime. Warum sind die Götter bloß zu mir herabgestiegen, denkt Alberich argwöhnisch. Was mögen sie im Schilde führen? Zwar fühlt er sich durch ihren Besuch geschmeichelt, doch scheinen ihm Misstrauen und Vorsicht angebracht.

Die beiden Besucher sagen, Neugier habe sie hergetrieben, ganz einfach Neugier und sonst nichts; und das sei doch wohl verständlich, denn wie man höre, hätten sich ja die erstaunlichsten Dinge in Nibelheim ereignet, die reinsten Wunder.

Na, na, meint Alberich, wenn das stimme, dann habe sie wohl eher der Neid hergeführt, der Neid auf seinen neuen Reichtum. Viel zu stolz ist er aber auf die angehäuften Schätze, als dass er sie nicht gern herzeigte. Und so beginnt seine Vorsicht dahinzuschmelzen wie Schnee in der Sonne.

Die Götter staunen. Was für ein Haufen Gold – und von Tag zu Tag wird er größer! Alle Himmel, ja, da gehen ihnen die Augen über, und Alberichs Stolz wächst ins Unermessliche. Eines Tages, so prahlt er, werde er das Gold nach oben schaffen und sich alle Welt damit untertan machen.

Wotan kann sich nur mühsam beherrschen, am liebsten möchte er den Prahler bei der Kehle packen. Loge aber hält ihn zurück und plaudert unbefangen weiter. Er schmeichelt Alberich mit schönen Worten, zeigt sich teilnahmsvoll und besorgt: »Sag einmal, Herrscher von Nibelheim, ist der Besitz des Ringes nicht viel zu gefährlich? Dein Volk zittert vor dir. Wie leicht könnte dich ein Dieb beschleichen und dir im Schlaf den Ring entreißen ...«

Darüber kann Alberich nur lachen: »Dass du dich doch immer für den Klügsten hältst! Das habe ich längst bedacht. Mime hat mir eine Tarnkappe geschmiedet. Die macht mich unsichtbar, wann immer ich will. Ich kann meine Gestalt nach Belieben wechseln, so bin ich sicher. Sogar vor dir, du Schlauer!«

»Das glaube, wer will. Ich kann es nicht fassen«, wundert sich Loge, »dann hättest du ja unendliche Macht für alle Zeiten.«

Loges listige Zweifel haben Alberich geradezu beleidigt. Empört erwidert er: »Glaubst du etwa, ich lüge? Lüge wie Loge?«

Der bleibt gelassen. »Mag ja sein, dass es stimmt, mag ja sein«, lenkt er überaus freundlich ein und tut dabei gleichgültig. Dann – nach einer Pause – setzt er wie beiläufig hinzu: »Aber ich glaube eben nur, was ich sehe.«

Na wartet, denkt Alberich, euch dummen Göttern werde ich's zeigen! Einer solchen Herausforderung weicht Alberich doch nicht aus! Wenn es weiter nichts ist – sie können den Beweis haben. »Nun sag schon, in welcher Gestalt soll ich vor dir stehen?«

fragt Alberich fast ungeduldig. »In welcher du willst«, antwortet Loge, »aber lass mich vor Staunen verstummen.«

Alberich setzt die Tarnkappe auf und spricht: »Riesenschlange, ringle dich!«

Auf der Stelle ist er verschwunden und eine Schlange windet sich am Boden. Loge und Wotan springen zur Seite und tun sehr erschrocken, als das Untier nach ihnen schnappt.

Dann erscheint Alberich wieder in seiner wirklichen Gestalt. »Glaubt ihr mir nun, ihr Neunmalklugen?«

»Gewiss, gewiss, ein wahres Wunder«, gibt Loge zu, »trotzdem finde ich, bei Gefahr wäre es eigentlich klüger, sich winzig klein zu machen. Aber das wird wohl zu schwer sein für dich ...!«

»Zu schwer für mich?« ereifert sich Alberich, »für dich vielleicht, weil du zu dumm dazu bist.« Der Ehrgeiz treibt Alberich, den Göttern seine Macht zu zeigen – jetzt, wo endlich er der Überlegene ist. Jeder Gedanke an Vorsicht ist wie weggeblasen. Arglos fragt er: »Wie klein soll ich mich denn machen?«

»Am besten so klein, dass du wie eine Kröte in einen engen Spalt passt«, schlägt Loge vor.

»Pah, wenn es weiter nichts ist...« Wieder setzt Alberich die Tarnkappe auf und sagt: »Krieche, Kröte, krieche!« Und schon sehen die Götter eine Kröte vor sich.

»Rasch, pack sie!« ruft Loge Wotan zu.

Der setzt schnell den Fuß auf das Tier, während Loge nach dem Kopf fasst und die Tarnkappe in der Hand hält. Im Nu ist Alberich wieder er selbst und krümmt sich unter Wotans Fuß.

Loge bindet ihm Arme und Beine. Dann ergreifen ihn die beiden, schleppen ihn zur Schwefelkluft und steigen mit dem gefesselten Nibelung nach oben.

Alberich verflucht den Ring

Der wehrlose Alberich könnte sich ohrfeigen, dass er auf Loges List hereingefallen ist. Verzweifelt sinnt er auf Rache. Doch was hilft ihm das Nachdenken, solange seine Fesseln nicht gelöst sind, solange er ein Gefangener ist! Dass der Preis für seine Freilassung hoch sein wird, ist gar keine Frage.

Einerlei – er ist ja reich, sehr reich sogar, er kann jeden Preis zahlen, kann mit purem Gold die missliche Sache regeln … So gehen seine Gedanken – ein bisschen voreilig zweifellos, wo doch allein die Götter die Bedingungen stellen.

Und welchen Preis fordert Wotan? Wotan will alles, sämtliche Schätze. Er verlangt den gesamten Nibelungenhort. Das ist ein schlimmer Schlag für Alberich. Er zischt die Entführer wütend an und beschimpft sie als gierige Gauner. Die Götter aber rührt das nicht im Geringsten. Der Gefangene kann sich drehen und wenden wie er will, am Ende bleibt ihm keine andere Wahl, als sich einverstanden zu erklären. Wenn sie ihn nur erst frei gäben – so hofft er im Stillen –, dann ließen sich durch die Macht des Ringes ja neue Schätze schaffen.

Man muss dem Gebundenen die Hand lösen, damit er sie zum Mund führen, mit den Lippen den Ring drehen und seine Befehle geben kann.

Alsbald steigen die Nibelungen aus der Kluft herauf, mit Schätzen beladen. Alles, aber auch wirklich alles Gold muss bis auf den letzten Rest abgeliefert werden. Alberich schmerzt das sehr – dazu die Schmach, dass sein Volk ihn gebunden und hilflos am Boden sieht.

Als schließlich alles Nibelungengold Wotan zu Füßen liegt, erklärt Alberich: »Ich habe gezahlt. Bindet mich nun los und lasst mich ziehen! Und das Geschmeide da, das Loge noch in der Hand hält, das gebt mir zurück!«

»Die Tarnkappe meinst du? Die gehört zur Beute.«, bestimmt Loge und wirft sie zu dem Übrigen.

Verflucht, denkt Alberich, doch nur Geduld, eine neue Tarnkappe lässt sich leicht schmieden. Und laut sagt er: »Jetzt löst mir die Fessel!« Loge wendet sich an Wotan: »Bist du zufrieden? Soll ich ihn freilassen?«

Wotan zögert. Am Ziel seiner Wünsche ist er noch nicht. Daher sagt er: »Du hast da einen goldenen Ring am Finger, Alberich. Der gehört auch mit zum Hort.« Alberich schreit entsetzt auf: »Der Ring? Niemals! Eher das Leben als den Ring!«

»Ich verlange den Ring«, fordert Wotan unbeirrt, »mit dem Leben kannst du machen, was du willst. Ist er etwa dein Eigen, der Ring? Haben dir die Rheintöchter das Gold freiwillig gegeben? Also her damit!« Als Alberich sich immer noch sträubt, reißt Wotan ihm den Ring mit Gewalt vom Finger. Den Schmerzensschrei des gepeinigten Zwerges vernimmt er nicht mehr. Wohlgefällig betrachtet der Göttervater das Kleinod, das jetzt die eigene Hand ziert.

Wotan fühlt sich wieder stark, sieht sich wieder als unumschränkter Herrscher der Welt. Kann er nicht rundum zufrieden sein?

Man bindet den Nibelung los. Langsam erhebt er sich vom Boden, wirft den Umstehenden verächtliche Blicke zu und stimmt ein grässliches Gelächter an. Dann stößt Alberich einen grauenvollen Fluch aus:

»Verflucht sei der Ring!
Tod dem, der ihn trägt!
Wer ihn hat,
den plage die Sorge!
Wer ihn nicht hat,
den plage der Neid!
Niemand bringe er Nutzen,
bis ich ihn wieder besitze.
Behalt ihn nur und hüte ihn,
meinem Fluch entfliehst du nicht!«

Dann verschwindet der Zwerg in der Kluft.

Alberichs Fluch ist kaum verklungen, da nehmen Fafner und Fasolt alle Aufmerksamkeit in Anspruch. Sie kommen näher. Freia

führen sie mit sich. Wie beruhigend, dass der Schatz bereitliegt, sie auszulösen! Nun wird man alles regeln …

Er gäbe Freia nur ungern her, sagt Fasolt beim Anblick des Goldes, möchte sie am liebsten überhaupt nicht mehr missen. Darum wolle er einen solchen Berg von Gold, dass ihre Gestalt dahinter nicht zu sehen sei. Nur so könne er den Verlust verschmerzen. Die Riesen, die wieder ihre Pfähle dabeihaben, stoßen diese in den Boden und stecken das Maß ab nach Freias Gestalt. Hastig häufen die Götter die Schätze auf – recht locker natürlich.

Aber Fafner läßt sich nichts vormachen. Mit Riesenkraft presst er das Aufgetürmte zusammen, so dass immer mehr Gold nötig ist. Alles, alles will Fasolt haben! Als der Handel fast abgeschlossen ist, sieht der Raffgierige durch einen schmalen Zwischenraum Freias Haar schimmern. Gold muss her, um es zu verdecken! Ist nichts mehr da? Die Riesen sehen in Loges Hand etwas glänzen. »Los, wirf das auf den Hort, was da so leuchtet!«, fordert Fafner.

Verdammt, denkt Loge, und schleudert die Tarnkappe widerwillig von sich. Erneut begutachten die Riesen ihren Lohn.

Sie lassen sich Zeit und prüfen peinlich genau, ob Freia vollends verdeckt ist. Da erspähen sie noch einen winzigen Spalt, durch den ein klein wenig von Freias Auge zu erblicken ist, kaum der Rede wert.

»Die Ritze muss verstopft werden«, verlangt Fafner.

»Ihr seht doch, dass wir kein Gold mehr haben«, erwidert Loge, »ihr Nimmersatten habt alles gekriegt, nun seid endlich zufrieden!«

»Ihr habt kein Gold mehr? Was blitzt denn da an Wotans Finger? Gib den Ring her, dann ist Freia ausgelöst!«

»Ihr könnt machen, was ihr wollt«, sagt Wotan, »aber den Ring bekommt ihr nicht!«

Die Riesen fackeln nicht lange, sondern schicken sich an, endgültig mit Freia abzuziehen.

Unter den Göttern breitet sich Unruhe aus. Da ist der Handel so gut wie abgewickelt, und nun dies! Sie bedrängen Wotan, den Ring herzugeben. Es nütze alles nichts, und am Ende sei das immer noch das kleinere Übel. Doch der Göttervater scheint nichts davon wahrzunehmen. Er steht wie entrückt da und lauscht einer anderen Stimme, die wie aus weiter Ferne in sein Inneres dringt. Sie meint es gut mit ihm und beschwört ihn, den verfluchten Ring zu meiden, höchste Gefahr ziehe heran. Da entschließt Wotan sich widerwillig. Er streift den Ring vom Finger und schleudert ihn rasch von sich auf den Hort. Freia ist ausgelöst. Die Götter atmen auf. Fafner rafft die Schätze zusammen, verstaut sie in einem großen Sack und kann es kaum erwarten, alles wegzuschleppen.

Die Gier und Eile seines Bruders jedoch ärgern Fasolt, machen ihn misstrauisch. Er will ehrlich mit ihm teilen, gleich jetzt auf der Stelle. Fafner passt das nicht. Der Wortwechsel wird heftiger und die Riesen geraten in Streit. Fasolt fühlt sich übervorteilt. Soll er am Ende leer ausgehen?

Plötzlich raunt Loge ihm zu: »Gib du nur auf den Ring Acht! Alles Übrige soll er ruhig nehmen.« Da stürzt Fasolt sich auf den Bruder, um ihm den Ring zu entreißen. Fafner wehrt sich mit ganzer Kraft. Beide kämpfen miteinander, bis es Fasolt endlich gelingt, den Ring zu erobern.

Jetzt ist es Fafner, der vor Wut rast und plötzlich nach einem der Pfähle greift. Er holt gewaltig aus, und ehe Fasolt sich versieht, streckt er ihn durch einen einzigen Schlag zu Boden. Fafner holt sich von seinem toten Bruder den Ring zurück, legt ihn zu den übrigen Schätzen und stapft damit davon.

Die Götter stehen wortlos da. Erschüttert sind sie und entsetzt. Furchtbar hat sich soeben des Ringes Fluch erfüllt.

In der Abendsonne liegt die Burg, die nun endlich bezahlt ist. Beim Anblick des prächtigen Baues verblassen allmählich die Schrecken des Tages. Wotan verscheucht alle trüben Gedanken, fasst Fricka bei der Hand und schreitet mit ihr dem neuen Wohnsitz zu. Die übrigen Götter folgen, Loge als letzter, zögernd und voller Zweifel. Eilen die Götter etwa ihrem Ende entgegen? Da sollte er, Loge, sich vielleicht besser wieder von ihnen trennen.

Mutter erzählt weiter

»Tolle Geschichte«, sagt Philipp, als Vater aufsteht, »erzähl weiter, ausgerechnet jetzt hörst du auf …« Aber Vater hat keine Zeit mehr, Mutter ist inzwischen fertig und sie müssen sich aufmachen.
»Da bin ich mit dem ›Rheingold‹ ja gerade zu Ende gekommen«, sagt Vater, »also – mach's gut. Wenn wir zurück sind, schläfst du sicher schon.«
»Erzählst du morgen weiter?«
»Mal sehen – nein, morgen kann ich nicht. Aber vielleicht erzählt Mutter dir morgen ja weiter.«
Nachdem die Eltern gegangen sind, muss Philipp noch lange an die Nixen, die Götter und die Zwerge denken und an den verfluchten Ring. Wie das alles wohl weitergeht?
Am nächsten Tag ist keine Aufführung, erst am folgenden wieder, und so verspricht Mutter, weiter zu erzählen. Philipp kann es kaum erwarten, bis es am Nachmittag endlich so weit ist. Er will wissen, warum die zweite Oper »Die Walküre« heißt, und was das überhaupt ist.
»Die Walküre ist ein Mädchen«, erklärt Mutter, »sie ist Wotans Tochter und heißt Brünnhilde. Aber vielleicht sollte ich dir das Wort erklären. Kür kennst du doch vom Sport, vom Eislauf zum Beispiel. Da müssen die Läufer bei Wettkämpfen vorgeschriebene Pflichtübungen und selbst gewählte Kürübungen zeigen. Küren bedeutet also wählen, aussuchen. Und Wal bedeutet Kampfplatz. Die Walküren – außer Brünnhilde sind da noch acht andere, lauter Schwestern – wählen auf dem Kampfplatz, der Walstatt, von den gefallenen Kriegern die tapfersten aus.«
»Und wozu das Ganze, was soll das? Was hat das denn mit der Geschichte zu tun?«,wundert sich Philipp.
»Du weißt doch, dass die Götter ihren neuen Wohnsitz bezogen haben. Übrigens hat Wotan seine Burg ›Walhall‹ genannt.«
»Schon wieder so'n komischer Name«, meint Philipp, »oder nein, wart mal, Wal ist Kampfplatz, und -hall ist wohl Halle, denk ich mir jedenfalls.«

»Stimmt genau«, sagt Mutter, »nach Walhall bringen die Walküren die auserwählten Krieger, die dort in der Götterburg dann weiterleben wie im Paradies.«
»Und was soll das alles?« Philipp wird ungeduldig. »Ich denke, du erzählst mir die Geschichte weiter.«
»Tu ich auch«, sagt Mutter, »ich bin schon dabei. Dass Wotan mit dem Lauf der Dinge nicht zufrieden ist, wissen wir ja. Er fürchtet Alberich, fürchtet, dass das Nibelungenheer eines Tages aus der Tiefe aufsteigen und ihn wehrlos finden könnte; darum braucht er mutige Kämpfer.«
»Versteh ich ja, aber wenn er nun den Ring hätte, wäre das doch viel einfacher.«
»Natürlich. Aber er hat ihn ja nicht und sieht auch keine Möglichkeit, ihn zurückzubekommen. Der einzige Trost dabei ist, dass Alberich den Ring auch nicht hat.« Philipp sagt: »Aber der wird nicht eher aufgeben, bis er es geschafft hat, das hat er doch verkündet. Am besten sollte Wotan überhaupt die Finger davon lassen, finde ich, wo der Ring doch sowieso verflucht ist.«
»Du hast völlig Recht«, bestätigt Mutter, »aber wenn Wotan sich um die ganze Sache überhaupt nicht mehr kümmert, überlässt er Alberich das Feld und damit eines Tages auch die Herrschaft über die Welt. Und das will er selbstverständlich nicht, auf gar keinen Fall.«
»Er sollte den Ring wieder in den Rhein werfen«, schlägt Philipp vor, »kann er denn nicht irgendwie an Fafner herankommen?«
»Ausgeschlossen. Fafner hütet seine Schätze Tag und Nacht, tut gar nichts anderes. Dabei weiß er von der Macht des Ringes ja überhaupt nichts. Und weil Wotan die Riesen mit dem Gold bezahlt hat, darf er es sich auch nicht einfach zurückholen, das wäre Vertragsbruch, schlichtweg Diebstahl. Da müsste es schon eine andere Lösung geben, und eben darüber denkt Wotan unablässig nach, bis er's eines Tages hat: Jemand anderes müsste es für ihn tun, jemand, der frei und nicht an Verträge gebunden ist. Außerdem müsste er mutig sein, dürfte Gefahr nicht fürchten, weiß der Himmel – Wotan sieht einen Ausweg.«
»Und wann geht endlich die Geschichte weiter?« mahnt Philipp.
»Jetzt sofort«, verspricht Mutter, »aber lass dir gesagt sein, sie macht einen Umweg. Du wirst überrascht sein.«

Die Walküre

Das Schwert

Einsam im Wald liegt Hundings Hütte. Aus Holz gezimmert und geräumig, hat sie in der Mitte einen großen Wohnraum. Decken hängen an den Wänden, ein Herd befindet sich darin, ein Tisch mit einer Bank dahinter und hölzernen Schemeln davor sowie ein Schrank.

Das Ungewöhnliche in diesem Raum ist der Baum in der Mitte, eine mächtige Esche. Ihre starken Wurzeln senkt sie nach allen Seiten in den Boden, während Stamm und Äste durch das Dach ragen, so dass sich die Krone hoch in den Himmel reckt und der Wind das Blätterwerk rauschen lässt.

Hier also wohnt Hunding. Tagsüber ist er meist auf der Jagd. Abends kehrt er dann müde zurück zu Sieglinde, seiner Frau. Sie wurde ihm einst von umherziehenden Räubern geschenkt; niemand weiß, woher sie stammt, nicht einmal sie selbst. Hunding hat sie bei sich behalten, ihr eine Bleibe gegeben, und Sieglinde ist dankbar dafür. So ist sie, obwohl sie Hunding im Grunde nicht besonders mag, seine Frau geworden. Sie versorgt den Haushalt, kümmert sich um das Feuer, bereitet das Essen und beklagt sich nie.

Es ist Abend. Sieglinde ist allein, als sie Geräusche vernimmt. Das wird ihr heimkehrender Mann sein. Rasch geht sie, Hunding zu begrüßen. Doch dann bleibt sie an der Tür zum Wohnraum stehen, denn auf dem Boden am Herd liegt ein Fremder.

Regungslos liegt er auf dem Bärenfell, matt und erschöpft, waffenlos. Ob er ohnmächtig ist, verletzt oder krank? Seine Augen sind geschlossen, aber er atmet. Plötzlich hebt er den Kopf und verlangt zu trinken. Als Sieglinde ihm das Trinkhorn reicht, kommt er zu sich, schlürft begierig und erholt sich rasch. Dann steht er auf und will das Haus verlassen. Das macht Sieglinde Sorge. »Du bist doch auf der Flucht«, sagt sie und fragt teilnahmsvoll: »Wer verfolgt dich denn, dass du wieder fort willst?«

Der Fremde antwortet kurz: »Mich verfolgen Unglück und Missgeschick. Dir aber soll beides fern bleiben. Darum ist es besser, wenn ich jetzt gehe.« Er wendet sich zur Tür und hebt den Riegel. Ohne zu überlegen, ruft Sieglinde: »Bleib nur hier, Fremder, und erhole dich! Du kannst kein Unheil dahin bringen, wo es längst zu Hause ist.«

Sie erzählt dem Fremden von ihrem Schicksal. Er horcht auf und sieht sie am Ende forschend an. Langsam kommt er von der Tür zurück und setzt sich schweigend an den Herd.

Geräusche von draußen künden an, dass Hunding zurückgekehrt ist und sein Pferd in den Stall führt. Sieglinde öffnet ihm hastig die Tür.

Mit Schild und Speer bewaffnet, tritt Hunding ein. Während er die Waffen ablegt und sie Sieglinde übergibt, entdeckt er den Fremden am Herd. Dass er ihm Gastrecht gewährt, ist selbstverständlich. So sitzen sie denn zu dritt am Tisch, essen zu Abend und schweigen. Wann wird der Gast endlich etwas sagen? Als er nach dem Mahl immer noch nichts preisgegeben hat, fragen sie ihn schließlich rundheraus, wer er sei. Sie erfahren eine traurige Geschichte: Der Fremde hat schon als Kind die Mutter verloren. Es war der schrecklichste Tag in seinem Leben, als er mit dem Vater von der Jagd heimkehrte und sie da, wo das Haus gestanden hatte, nur noch Asche und schwelende Glut fanden. Feinde hatten den Brand gelegt und die Mutter grausam erschlagen. Von der Schwester fehlt seither jede Spur. Zu helfen gab es nichts mehr, auch nichts zu retten. Da verließen Vater und Sohn den Ort des Schreckens und lebten viele Jahre miteinander im Wald. Mutig trotzten sie allen Gefahren.

Als sie sich eines Tages wieder einmal tapfer gewehrt und flüchtende Feinde in alle Winde versprengt hatten, verloren sie sich und fanden sich seither nicht mehr wieder. Alles Suchen blieb erfolglos. Der Junge verließ den Wald, doch was er auch anfing, nichts wollte ihm glücken. Eines Tages rief man ihn zu Hilfe gegen Unrecht und Gewalt. Er zögerte keinen Augenblick, doch unterlag er am Ende der großen Übermacht. Dabei verlor er Speer und Schild, ist seitdem waffenlos und einsam dazu. Die nackte Not trieb ihn weiter, trieb ihn zu Hundings Hütte. Bedächtig steht der Fremde auf und will zum Herd gehen, um seinen Schlafplatz einzunehmen.

Sieglinde geht das Schicksal des Gastes zu Herzen. Hunding dagegen weiß, dass er den flüchtenden Feind im eigenen Haus beherbergt. Finster und mitleidlos sagt er: »Für die Nacht habe ich dich aufgenommen, doch morgen musst du dich wehren.« Dabei wandern seine Blicke aufmerksam zwischen dem Fremden und seiner Frau hin und her.

Hunding will schlafen gehen. Zuvor muss Sieglinde aber ihrem Mann den gewohnten Nachttrunk bereiten und damit in der Schlafkammer auf ihn warten. Sorgsam nimmt sie das Trinkhorn vom Tisch, holt Würze aus dem Schrank und geht. Doch an der Tür dreht sie sich noch einmal um, richtet den Blick stumm auf den Gast am Herd und weist ihn mit den Augen auf eine Stelle im Eschenstamm hin. Hunding bemerkt ihr Zögern und winkt sie unwillig hinaus. Dann erhebt er sich ebenfalls, nimmt seine Waffen und folgt seiner Frau.

Es wird Nacht. Nur das heruntergebrannte Feuer erhellt noch ein wenig den Raum.

Der Fremde ist erschöpft auf das Bärenfell gesunken, aber einschlafen kann er nicht. Sieglindes Schicksal beschäftigt ihn, bis urplötzlich eine Erinnerung in ihm aufblitzt, die ihn weit, weit zurückführt – die Erinnerung an seinen Vater, der ihm einst ein Schwert versprach, das er in höchster Not finden werde. Ist er nicht jetzt in höchster Not, in allerhöchster sogar? Wo ist das Schwert? Er braucht es dringend, braucht es jetzt, denn morgen wird Hunding ihn fordern.

Als das Feuer zusammenbricht, sprüht die Glut noch einmal auf und ein heller Schein fällt auf jene Stelle des Eschenstammes, die Sieglindes Blick so bedeutungsvoll bezeichnet hat. Da, ein Schwertgriff! Sicher nur eine Täuschung, nichts als Einbildung: Der sehnliche Wunsch spielt den überreizten Sinnen einen Streich. Angespannt auf dem Fell kauernd, zwingt der müde Gast sich zur

Ruhe, zwingt sich auch, nicht dauernd auf den Eschenstamm zu stieren, wo in der Dunkelheit nun doch nichts mehr zu sehen ist.

Aber dort! Hat sich da nicht eben die Tür bewegt, die Tür zum Schlafraum? Ebenfalls nur Einbildung, denkt der Fremde, lauter Trugbilder der Finsternis. Da öffnet sich die Tür lautlos und eine Stimme fragt flüsternd: »Schläfst du schon?«

Der Fremde springt von seinem Lager auf, freudig überrascht.

Auch Sieglinde hat schlaflos im Dunkeln gelegen, voll unruhiger Gedanken und mit dem seltsamen Gefühl, dem Fremden schon einmal begegnet zu sein, irgendwann früher …

Hunding indessen schläft fest, denn Sieglinde hat ihm ein Schlafmittel in den Nachttrunk gemischt, damit sie den Gast ungestört sprechen und ihn warnen kann. »Hör zu, Freund, ich rate dir gut«, sagt sie, »Hunding fordert dich morgen zum Zweikampf. Nütze die Nacht und fliehe, so hast du einen Vorsprung. Und eine Waffe brauchst du. Ich zeig sie dir.«

Sollte der Griff dort im Eschenstamm doch keine Täuschung gewesen sein? denkt der Fremde. Da erzählt Sieglinde auch schon, was es damit auf sich hat: »Es war an meinem Hochzeitstag.

Zu den Gästen, die Hunding geladen hatte, trat ein Fremder. Wie ein Greis sah er aus in seinem grauen Gewand, den Hut tief in die Stirn gezogen. Den Männern lief ein Schauer über den Rücken, als er sie ansah, doch mir begegnete er freundlich. Plötzlich schwang er ein Schwert und stieß es in den Eschenstamm. Er stieß es so tief hinein, dass nur noch der Griff herausragte. Alle hielten den Atem an, als der Alte verkündete: ›Demjenigen soll das Schwert gehören, der es wieder aus dem Stamm ziehen kann.‹ Dann verschwand er.

Die Männer wollten die Waffe sogleich gewinnen. Einer nach dem anderen packte sie, doch selbst dem Stärksten gelang es nicht, das Schwert auch nur ein wenig zu bewegen. So blieb es an seinem Platz. Ich aber ahnte, wer der Alte gewesen war – oder vielmehr: Ich wusste es.«

Mit immer größerer Anteilnahme lauscht der Gast Sieglindes Worten. Allein schon der Klang ihrer Stimme lässt ihn aufhorchen. Hat er ihn nicht schon vor langer, langer Zeit gehört?

Und plötzlich wissen beide, dass sie sich wiedergefunden haben, Bruder und Schwester, Siegmund und Sieglinde. »Ja, Siegmund bin ich, das Schwert dort wird es bezeugen! Ich sollte es finden in höchster Not. Das hat mir der Vater versprochen.«

Langsam geht Siegmund auf den Eschenstamm zu, tastet nach dem Griff, umklammert ihn fest und ruft: »Notung! Notung! So nenn ich dich, Schwert! Zeig her deine Schärfe, heraus zu mir!«

Das Schwert gibt nach, und mit einem gewaltigen Ruck kann Siegmund es aus dem Eschenstamm ziehen. Er bringt es Sieglinde. »Als Brautgabe!«, sagt er. »Verlass dieses Haus und komm mit mir! Wir werden glücklich sein miteinander. Notung, das Schwert, wird uns schützen.«

Voller Freude und Glück stürmen Siegmund und Sieglinde hinaus in die Frühlingsnacht. Sie laufen, solange ihre Füße sie tragen. Dann schlafen sie auf weichem Moos eng aneinandergeschmiegt ein.

Der Zweikampf

Hunding treibt sein Pferd zur Eile an. Er setzt den Flüchtenden nach und will Sieglinde zurückholen. Den Fremden aber, der ihm die Gastfreundschaft so schändlich gelohnt hat, den wird er stellen und ihn zum Zweikampf fordern.

An einem Tag wie diesem hält es Wotan nicht in Walhall, seiner Burg. Er weiß bereits, dass Siegmund das Schwert gewonnen hat und mit Sieglinde, seiner Schwester, auf der Flucht ist. So nimmt er seinen Speer und reitet hinaus in die Berge. Längst hat er beschlossen, dass Hunding im Zweikampf unterliegen und Siegmund der Sieger sein soll. Siegmund, der das Zauberschwert Notung gewinnen konnte und der den Mut hat zu ungewöhnlichen Taten – er würde auch Fafner, dem Riesen, furchtlos entgegentreten und ihm, Wotan, den Ring zurückgewinnen.

Weit draußen in felsiger Gegend trifft er Brünnhilde, die liebste seiner Töchter. Sie hat die Brünne, den Brustpanzer, angelegt, auch Helm und Schild trägt sie. Mit ihren Schwestern hat sie die Aufgabe, auf dem Kampfplatz die tapfersten der gefallenen Krieger auszuwählen und sie nach Walhall zu bringen. Doch heute erhält Brünnhilde eine andere Weisung. Sie soll Siegmund schützen.

Da sieht sie in der Ferne Fricka, Wotans Frau, näherreiten. Offensichtlich ist sie schlechter Laune, so dass sich die Walküre, nichts Gutes ahnend, lieber zurückzieht.

Nachdem Fricka ihren Mann aufgespürt hat, kann sie endlich ihrer Empörung Luft machen, ihrem Ärger freien Lauf lassen. Hunding hat sie in seiner Not angerufen, denn sie ist die Göttin, die die Ehe beschützt. Er hat sich darüber beklagt, dass seine Frau ihn mit dem Fremden verlassen hat.

Wotan stellt sich zunächst taub. Ein Liebespaar sei doch nichts Schlimmes, meint er dann, Fricka solle sich deswegen bloß nicht so aufregen.

Aber die läßt nicht locker. Sie kann Sieglindes Flucht mit Siegmund nicht einfach so durchgehen lassen, als sei nichts geschehen.

»Hör einmal«, beruhigt Wotan sie, »du weißt doch selbst, worum es geht. Du weißt auch, wie dringend wir jemanden brauchen, der in freier Entscheidung das tut, was ich nicht tun kann, so bitter nötig es ist. Es muß jemand sein, der nicht an Verträge gebunden ist, der ohne göttlichen Schutz ...«

Das hätte er nun besser nicht sagen sollen, denn jetzt gerät Fricka erst recht in Zorn. »Ich sehe die Notwendigkeit ja ein, Wotan, aber du willst mir doch nicht weismachen, dass Siegmund ohne deine Gunst und deinen Schutz handelt. Du wirkst doch durch ihn. Hast du ihm nicht das Schwert geschenkt?«

»Das Schwert?«, fragt Wotan unwillig, »nein, das Schwert hat Siegmund sich in höchster Not selbst gewonnen.« Fricka fühlt sich hintergangen und ereifert sich nur noch mehr: »Und wer hat es für ihn in den Stamm gestoßen, wer hat ihm die Not bereitet und ihn Hundings Haus finden lassen? Ich kenne deine Listen. Aber du kannst mich, die Göttin, deine eigene Frau, doch unmöglich zum Gespött machen wollen!«

Nun fühlt Wotan sich vollends durchschaut. »Was verlangst du also?« fragt er.

»Entziehe Siegmund deinen Schutz im Kampf mit Hunding!«

»Gut, ich schütze ihn nicht.« Wotan fügt sich ins Unvermeidliche, doch er sinnt gleichzeitig auf einen Ausweg. Noch hat ja Brünnhilde Weisung, Siegmund zu schützen. Fricka spürt das. Auch die Gunst der Walküre solle von Siegmund gewendet werden, verlangt sie daher. Das trifft Wotan tief. Gibt es denn kein Entrinnen?

Doch wie den Streit beenden, da sich der Gott in den eigenen Netzen gefangen hat, gefesselt ist von den eigenen Schlingen? Schließlich sagt er: »Ich kann Siegmund ja gar nicht zu Fall bringen, er hat doch mein Schwert.« Schon wieder ein Täuschungsmanöver, denkt Fricka, und sie fordert mit Nachdruck: »Dann nimm dem Schwert seinen Zauber!«

Wotan schweigt widerstrebend.

»Versprichst du mir das?« fragt Fricka. Was bleibt Wotan anderes übrig? Fricka ist am Ziel und reitet davon.

Ergrimmt und traurig zugleich bleibt der Herrscher-Gott zurück und brütet dumpf vor sich hin. Nie hat er sich unfreier gefühlt.

»Der Fluch ...«, murmelt er bitter, »der Fluch, dem ich entfliehen wollte, er lässt mich nicht los.« Zerstört ist sein Plan, zertrümmert, er muss sich aus dem Kopf schlagen, was er vorhatte. Aber hat Fricka nicht Recht? Wollte er sich nicht listig selbst belügen? Damit hat es nun ein Ende. Es gilt, der Wahrheit ins Auge zu schauen: Sein Stern ist im Sinken, Macht und Pracht werden zusammenstürzen. Wir Götter werden allmählich dahindämmern, denkt er, und für das Ende wird Alberich sorgen, das ist so gut wie sicher.

In solcher Trübsal findet Brünnhilde den Vater. Sie erschrickt bei seinem Anblick und ahnt sogleich auch den Grund der Verzweiflung. Dann erhält sie eine neue Weisung: Siegmund soll sterben! Ungläubig, als habe sie sich verhört, fragt Brünnhilde: »Vater, das kann doch nicht dein Ernst sein, das kannst du doch nicht wirklich wollen?« Und als Wotans Schweigen ihr den tödlichen Ernst seines Entschlusses deutlich macht, ruft sie entsetzt: »Nein, verlange das nicht von mir! Ich kann das nicht tun.«

Im Nu ist Wotan wie ausgewechselt. Er ist augenblicklich wieder der unnachsichtige Herrscher, der Gehorsam verlangt um jeden Preis und keinen Widerspruch duldet. »Was sagst du da, du kannst das nicht tun? Reize mich nicht, rate ich dir! Tue, was ich dir befohlen habe! Siegmund soll fallen.«

Er stürmt fort und lässt die Walküre völlig verstört zurück. Brünnhilde kann sich erst wieder fassen, als sie Siegmund und Sieglinde entdeckt, die in einiger Entfernung rasten, ohne die Walküre zu bemerken. Sieglinde ist außer sich vor Angst. Sie macht sich schwere Vorwürfe und will weiterhetzen, obwohl sie völlig erschöpft ist. Doch Siegmund möchte bleiben und Hunding hier erwarten.

Plötzlich schreckt Sieglinde auf und lauscht. War das nicht Hundings Horn? Ein Schrei entfährt ihr, dann verliert sie die

Besinnung. Sie sinkt kraftlos zu Boden, wo Siegmund sie behutsam lagert.

Die Walküre blickt voll Mitgefühl auf das Paar, das sich liebt und dem ein so trauriges Schicksal bestimmt ist. Ist Siegmunds Tod denn wirklich unabwendbar?

Einerlei – der Vater hat es befohlen. Dennoch fühlt Brünnhilde sehr wohl, dass es keine Entscheidung nach Wotans Herzen ist. Und da weiß sie plötzlich auch, was sie tun wird, weil sie es einfach tun muss, weil sie nicht anders kann. Die Hörnerrufe kommen schon näher, Hunding zieht heran.

Zum Glück ist Sieglinde noch nicht aus ihrer Ohnmacht erwacht, als Siegmund aufbricht, um sich dem Gegner zu stellen. Entschlossen tritt er Hunding entgegen und vertraut auf Notung, sein Schwert. So beginnen sie zu kämpfen. Die Walküre vergisst Wotans Weisung. Sie hält ihren Schild schützend über Siegmund und ruft ihm zu: »Triff ihn, den Hunding! Vertraue dem Schwert!«

Gerade holt Siegmund zum entscheidenden Hieb aus, als plötzlich Wotan zur Stelle ist, seinen Speer zückt und ihn Siegmunds Schwert entgegenhält. »In Stücke das Schwert!«, tönt machtvoll seine Stimme, und dann zerspringt Notung an Wotans Speer. Erschrocken ist die Walküre zurückgewichen. Im selben Augenblick stößt Hunding dem Wehrlosen sein Schwert in die Brust und Siegmund stürzt zu Boden.

Sieglinde, vom Waffenlärm erwacht, hört Siegmunds Schrei. Da weiß sie, was geschehen ist. Wie leblos sinkt sie zusammen. Sie möchte nun ebenfalls sterben. Doch die Walküre reißt sie zurück. »Komm rasch, ich rette dich!«, ruft sie ihr zu.

Sie hebt die taumelnde Sieglinde aufs Pferd, rafft eilig die Schwertstücke zusammen und stürmt davon. Wotan steht sinnend an seinen Speer gelehnt und blickt voll Schmerz auf den toten Siegmund. Fricka kann zufrieden sein. Er hat sein Versprechen gehalten, so weh es ihm auch tut. Aber wo ist Brünnhilde geblieben – Brünnhilde, die Ungehorsame, die Verbrecherin?

Brünnhildes Verbannung

Brünnhilde jagt davon. Über Felsen hetzt sie bergan, gefährlich nahe am steilen Abhang. Der Tannenwald drüben ist ihr Ziel. Dort wird sie, wie gewöhnlich, die Schwestern treffen.

Die Walküren erwarten sie schon. Sie sehen Brünnhilde keuchend heranfliegen. Atemlos berichtet sie, was sich ereignet hat.

»Helft mir, Schwestern, ich bitte euch, helft mir um alles in der Welt! Wotan verfolgt mich. Verbergt mich vor seinem Zorn!«, fleht sie.

Die Schwestern sehen sich erschrocken an. Gegen Wotans Willen hat sie gehandelt? Bei allem Mitgefühl, so gern sie ihr zu Hilfe eilten – würde das nicht die Ungnade des Göttervaters auf sie ziehen? Als die Schwestern schweigen, bittet Brünnhilde erneut, jetzt aber nicht mehr für sich selbst: »So rettet doch wenigstens die Ärmste hier, gebt mir das schnellste Pferd, damit ich Sieglinde in Sicherheit bringe!«

Friedlich grasen die Pferde der Schwestern, aber keine stellt ihr ausgeruhtes Reittier zur Verfügung. Da drängt Brünnhilde die arme Sieglinde, allein zu fliehen und sich zu retten, Mut zu fassen und am Leben festzuhalten – unbedingt. Sie selbst werde zurückbleiben und sich Wotans Wut entgegenstellen. Das würde ihn aufhalten und der Fliehenden einen Vorsprung verschaffen. Doch in welche Richtung sich wenden? Nach Osten, wo der Wald sich riesenhaft dehnt?

»Besser nicht«, rät eine der Schwestern, »da ist es nicht geheuer. Da haust Fafner, der Riese. Er hat sich in einen Drachen verwandelt und bewacht seine Schätze; der gesamte Nibelungenhort liegt in der Höhle. Es ist gefährlich, auch nur in die Nähe zu kommen.«

»Ach was«, entscheidet Brünnhilde, »gerade da ist sie am sichersten. Ich weiß, dass Wotan diesen Ort meidet, den Wald dort scheut. Rasch, Sieglinde, nimm die Schwertstücke, hüte sie gut und merke dir: Wer neu zum Schwert sie schmieden kann, dem winken Sieg und Ruhm.«

Verwirrt, aber auch erleichtert und tief im Herzen sogar ein wenig froh, eilt Sieglinde dem Walde zu. Recht nahe schon dröhnt Wotans Stimme: »Halt, Brünnhilde, halt!«

Die verschreckten Schwestern nehmen die Zitternde in ihre Mitte und drängen sich schützend um sie. »Wo ist die Verbrecherin?« fragt der zürnende Göttervater. »Wagt ihr es, sie zu verbergen?« Da bitten die Walküren für ihre Schwester Brünnhilde, Wotan möge seinen Zorn bezähmen. »Weibergewinsel«, meint Wotan verächtlich, »sie hat meinem Willen getrotzt und mein Gebot missachtet. Glaubt sie nun, sie kann mich, den Gott, verhöhnen? – Brünnhilde, hörst du mich? Willst du dich feige der Strafe entziehen?«

Da kommt die Verfolgte mutig hervor und bleibt ergeben vor Wotan stehen. »Hier bin ich, sag mir die Strafe.«

»Deine Strafe hast du dir selbst geschaffen!«, erwidert der Göttervater. »Du hast meine Weisung nicht befolgt, hast anderes gewollt und kannst darum nicht länger Walküre sein.«

Das trifft Brünnhilde hart. Sie fragt: »Versteh ich dich recht? Du willst mich verstoßen?«

»Verbannt bist du, von Walhall geschieden für alle Zeit. Auf dem Felsen dort werde ich dich in tiefen Schlaf versenken. Wenn ein Mann daherkommt und dich weckt, soll er dich zur Frau haben.«

Jammernd beschwören die Schwestern den Vater, sich zu mäßigen. Doch es ist zwecklos. Alles wird nur noch schlimmer.

»Wenn euch Brünnhildes Schicksal schreckt, dann meidet ihre Nähe«, warnt der Herrscher. »Wer es wagt, zu ihr zu halten, wird ihr Los teilen. Nun macht euch davon – und flieht den Felsen!«

Mit wildem Geschrei fahren die Walküren auseinander, während Brünnhilde zu Wotans Füßen niedersinkt. Lange Zeit ist es still. Beide schweigen. Dann richtet sich Brünnhilde langsam auf und fragt leise: »Sag, Vater, was hab ich denn Schweres verbrochen, dass du mich so erniedrigst?

Habe ich nicht deinen Wunsch erfüllt … den ersten … für Siegmund zu streiten?«

»Die Weisung nahm ich zurück.«

»Aber nicht, weil es dein eigener Wille war. Du musstest Fricka nachgeben, ich kenne deinen Zwiespalt wohl.«

»Einerlei, du durftest nicht tun, was ich mir selbst versagen musste. Ich habe nichts mehr mit dir zu schaffen.«

»Eine einzige Bitte nur, Vater, eine letzte: Gib mich nicht jedermann preis, der zufällig des Weges kommt. Lass nicht Spott und Schande über mich kommen. Das kannst du nicht wollen, damit triffst du dich doch nur selbst.« Wotan bleibt hart. Da stürzt Brünnhilde vor ihm auf die Knie: »Ich flehe dich an, schütze mich, damit nur ein Mutiger mich einst findet! Lass ein Feuer brennen, das den Fels umglüht und alle Feigen schreckt!«

Wotan fühlt, wie sein Zorn verebbt und sich auf dem Grund seines Herzens Trauer ausbreitet um sein liebstes Kind, Trauer – und auch ein bisschen Stolz. Er zieht Brünnhilde zu sich empor und gibt ihr das Versprechen. Dann führt er sie zu einem niedrigen Mooshügel, über den eine Tanne ihre breiten Äste reckt. Er schließt ihr die Augen und deckt den Schild über sie. Seinen Speer richtet er gegen den Felsen, schlägt dreimal mit der Spitze auf den Stein und ruft das Feuer. Alsbald fährt ein Feuerstrahl in die Höhe, der sich rasch ausbreitet und zu einem Flammenmeer anschwillt.

»Wer meines Speeres Spitze fürchtet, durchschreite das Feuer nie!«, spricht Wotan gebieterisch und wendet sich nachdenklich zum Gehen.

Was zwischendurch geschieht

Als Mutter zu Ende erzählt hat, will Philipp wissen, wie lange Brünnhilde schlafen muss, etwa hundert Jahre wie Dornröschen?
»Nein«, sagt Mutter, »so lange nicht, aber eine ganze Reihe von Jahren, und in diesen Jahren ereignet sich allerlei.«
»Ist Sieglinde denn durchgekommen?« fragt Philipp. »Ja, jedenfalls zunächst. Sie hat den Wald nicht verlassen und wurde eines Tages von einem Zwerg gefunden, der sie mitnahm in seine Behausung. Das war auch gut so, denn sie brachte dort ein Kind zur Welt, einen Jungen. Bald darauf starb sie.«
»Ist der Junge bei dem Zwerg geblieben? Was für'n Zwerg war das überhaupt?«
»Oh, den kennst du«, sagt Mutter, »das ist sozusagen ein alter Bekannter: Mime.«
»Was – der?«, wundert sich Philipp und findet sogleich eine Erklärung: »Dann ist der wohl in Nibelheim ausgerissen, weil Alberich keine Macht mehr über ihn hat.«
»Gewiss«, meint Mutter, »und überdies hatte er einen triftigen Grund, sich ausgerechnet hier im Wald niederzulassen. Nicht weit davon hütet Fafner nämlich den Nibelungenhort.«
»Ach so«, folgert Philipp, »und nun spekuliert Mime natürlich auf den Ring.«
»Das ist doch klar«, bestätigt Mutter, »aber so leicht ist da nicht ranzukommen. Fafner ist nämlich nicht mehr der Riese, er hat sich inzwischen in einen Lindwurm verwandelt, in einen Drachen also.«
»Und wie konnte er das? Wohl mit der Tarnkappe?«

»Da fragst du mich nun wirklich zuviel«, sagt Mutter und gibt zu bedenken, daß Fafner doch gar nichts von den geheimnisvollen Kräften in der Tarnkappe und im Ring weiß.
Philipp schweigt und überlegt. Nach einer Weile meint er: »Vielleicht ist Fafner zufällig dahintergekommen. Der hat doch bestimmt Langeweile gehabt, immer bloß den Schatz bewachen, hat vielleicht mal mit der Tarnkappe gespielt, einfach nur so … kann doch sein … oder … ach, ist auch egal … ist doch'n Märchen.«
Mutter findet das ganz einleuchtend.
»Du könntest Recht haben, vorstellen kann ich mir das, immer nur Gold hüten muß schrecklich langweilig sein.«
»Stinklangweilig, sag ich dir, wenn er überhaupt nichts macht mit dem Schatz. Immer bloß aufpassen, dass niemand was klaut – ich würde das anders machen –, ist eigentlich mal'n Dieb gekommen?«
Mutter sagt: »Nun aber Schluss, wenn ich das jetzt erzähle, bin ich schon beim dritten Aufführungsabend, bei ›Siegfried‹.«
»Ja und – das macht doch nichts, ich kann mir sowieso denken, wer Siegfried ist.«
Mutter sieht auf die Uhr. Sie braucht erst mal eine Pause. Danach essen die beiden zu Abend. Vater ist noch gar nicht zu Hause, bei dem wird's heute wieder spät. Und morgen gehen sie in die Aufführung von »Siegfried«.
Also erzählt Mutter tatsächlich weiter.

Siegfried

Mime und Siegfried

Mime, der geschickteste aller Schmiede, hat Nibelheim vor langer Zeit verlassen. Damals, als Alberich Ring und Macht verloren hatte und den Bruder nicht mehr knechten konnte, war Mime frei gekommen und seines Weges gezogen. Seither haust er in dem Wald, wo Fafner in Drachengestalt das Gold bewacht.

In eben diesen Wald schickte Brünnhilde die verzweifelte Sieglinde. So wundert es nicht, dass der Zwerg sie eines Tages fand, erschöpft und am Ende ihrer Kräfte. Er nahm sie mit in seine Behausung und gewährte ihr Zuflucht, die sie dringend brauchte, denn Sieglinde brachte bald darauf einen Jungen, Siegfried, zur Welt.

Das war vor vielen Jahren. Jetzt ist Mime verärgert. Die Arbeit, die ihm stets Freude bereitet hat, will ihm einfach nicht mehr glücken. Dabei ist es doch ein tadelloses Schwert, das er da fertigt, so stark, dass es für Riesenfäuste taugen könnte. Aber der ungestüme Siegfried zerbricht es immer wieder, zerknickt es kurzerhand, als wäre es ein Spielzeug. Was macht Mime falsch, dass die Arbeit nicht gelingen will? Er findet keine Erklärung.

Siegfried, dieser dumme Junge, denkt Mime und seufzt. Welche Mühe hat es gekostet, den kleinen Wurm aufzuziehen, nachdem seine Mutter gestorben war und nichts hinterlassen hatte als Notungs Trümmer. Gewiss hat Mime seine Pläne mit Siegfried. Deshalb hat er ihn ja all die Jahre versorgt. Nun ist Siegfried herangewachsen, da wird es Zeit für Taten – und eben dafür braucht er zuallererst ein tüchtiges Schwert.

Ja, wenn er Notung zusammenschweißen könnte! Das gäbe ein Schwert, das Siegfried nicht zerschlüge, damit könnte der Junge den Drachen töten – und ihm, Mime, den Ring gewinnen. Doch so oft Mime es versucht, die Mühe ist vergebens: Notungs Trümmer trotzen all seinen Schmiedekünsten.

In nutzloses Grübeln versunken, fährt Mime plötzlich erschrocken auf. Träumte er, oder was ist das? Er reibt sich die Augen.

Vor ihm steht hoch aufgerichtet ein Bär. Wie ist der hereingekommen? Wohl wieder einmal einer von Siegfrieds übermütigen Streichen! Nun treibt er das Tier gar noch gegen Mime und lacht sich halb tot, der Bengel, als Mime sich vor Angst hinter dem Herd verkriecht.

»Sag, Alter, ist das Schwert fertig?« fragt Siegfried wie jeden Tag.

»Da liegt es«, antwortet Mime, immer noch an allen Gliedern schlotternd, »aber nun tu mir den Gefallen und schick den Bären weg!«

Siegfried, der das Tier am Seil führt, macht es los, und der Braune tappt, froh über seine Freiheit, in den Wald, während der Junge Mimes Schmiedearbeit prüft. Ob das Schwert diesmal taugt? Schaut nicht so aus – und richtig! Beim ersten Hieb auf den Amboss fliegen auch schon die Stücke in alle Richtungen.

Siegfried tobt vor Wut über Mime, den Prahler, der selbst so gern seine Schmiedekünste rühmt und nicht einmal ein brauchbares Schwert zustandebringt. Es ist zum Davonlaufen! Und wirklich, Siegfried wollte schon mehr als einmal weglaufen. Doch er ist jedes Mal wieder – ständigem Streit zum Trotz – zu dem ungeliebten Ziehvater zurückgekehrt.

»Hör mal, Mime«, sagt er jetzt, »wenn du so schlau bist, wie du sagst, so erkläre mir doch, warum ich immer zurückkomme, wenn ich in den Wald laufe, um dich zu verlassen.«

Mime ist um eine Antwort nicht verlegen. »Das ist ganz einfach. Es treibt dich zurück, weil du mir Dank schuldest, viel Dank sogar!«, erwidert er prompt. Dabei tut er sehr bemitleidenswert und fährt jammernd fort: »Aufgezogen habe ich dich kleinen Wurm, habe große Mühe mit dir gehabt, habe dich mit Speise und Trank versorgt, auch mit Kleidung. Ich habe dir ein tönendes Horn geschmiedet, habe dich belehrt und immer klug beraten ...«

»Hör auf! Das hast du mir schon hundertmal erzählt«, unterbricht Siegfried ihn ärgerlich, »ich kenne das alles schon auswendig. Aber was du mir am liebsten beibringen wolltest, das habe ich nie gelernt: wie ich dich leiden könnte!«

Einmal mehr enttäuscht, wirft Siegfried sich auf die Steinbank. Mime rückt zu ihm. »Aber mein lieber Junge«, sagt er, »du kommst immer wieder zu mir. Das zeigt mir, wie lieb du mich hast, wie teuer ich dir bin ...« Siegfried muss lauthals lachen: »Das ist es ja gerade – ich kann dich nicht ausstehen!«

Mime zuckt zusammen, setzt sich vorsichtshalber wieder abseits. Er fängt sich aber rasch und versucht es von neuem: »Glaube mir, das liegt nur an deiner Wildheit. Du bist zu aufbrausend, aber in Wahrheit liebst du deinen Mime ... mußt ihn gern haben ...«

»Wenn du so klug bist, Mime, dann sag mir wenigstens eins: Aufgezogen hast du mich, ernährt und gekleidet, aber woher bin ich gekommen, irgendwoher musst du mich doch haben. Habe ich denn keine Mutter?« Unwirsch antwortet Mime: »Du sollst mir glauben, was ich sage: Ich bin dir Vater und Mutter zugleich.«

»Du lügst«, hält Siegfried dagegen, »ich habe im Bach mein Spiegelbild erblickt. Ich sehe ganz anders aus als du. Seither weiß ich, warum ich immer zu dir zurückkehre. Ich muss erst wissen, wer meine Eltern sind.«

Der Zwerg hätte das am liebsten nie gehört. Er weicht hartnäckig aus, aber Siegfried gibt diesmal nicht nach. Er packt ihn schließlich bei der Kehle und lockert den Griff erst, als Mime notgedrungen bereit ist zu reden.

So erfährt Siegfried, dass seine Mutter Sieglinde bald nach seiner Geburt gestorben ist und ihn der Obhut des Zwerges überlassen hat.

Sie bat Mime, ihn Siegfried zu nennen, so würde er stark und schön. Siegfried erfährt auch, dass sein Vater erschlagen wurde. Siegfried ist misstrauisch: »Und wer sagt mir, dass du mich nicht angelogen hast? Wo ist der Beweis? Ich glaube nur, was ich sehe. Also – ein Zeichen!«

Mime besinnt sich eine Weile, bevor er Notungs Stücke hervorkramt. »Hier, das hat mir deine Mutter gegeben, wenig genug für Kost und Pflege. Nichts weiter als ein zerbrochenes Schwert. Dein Vater hat es geführt, sagte sie.«

Im Nu ist Siegfried Feuer und Flamme. »Das Schwert meines Vaters«, ruft er begeistert. »Los, Mime, beeil dich, diese Stücke sollst du mir schmieden, damit ich endlich ein richtiges Schwert schwingen kann! Und täusche mich nicht mit billigem Tand, rate ich dir! Allein diesen Trümmern trau ich. Noch heute will ich die Waffe haben!« Nach diesen Worten läuft Siegfried davon.

Nackte Angst überfällt Mime. Als ob er nicht schon unzählige Male versucht hätte, die tückischen Stücke zusammenzufügen … Niedergeschlagen sinkt er auf den Schemel hinter dem Amboss. Er fühlt sich erbärmlicher denn je. Sollte Siegfried ihn verlassen, bevor er Fafner erledigt hat – das wäre wahrlich ein Schlag, nicht auszudenken! Alle Plage wäre umsonst, alle Hoffnung vergebens gewesen.

Plötzlich reißt ihn ein freundlicher Gruß aus seinen Grübeleien. Ein Wanderer kommt herein, der einen langen dunkelblauen Mantel trägt und den Hut tief in die Stirn gezogen hat. Den Speer führt er mit sich wie einen Wanderstab. Sein unverhofftes Erscheinen ärgert Mime. Er duldet jetzt niemanden in seiner Nähe und fordert den Fremden zum Weiterziehen auf, was der allerdings überhört. Statt dessen erkundigt er sich, ob hier wohl guter Rat gebraucht werde. – Guter Rat? Nein, Mime braucht keinen guten Rat.

Sonderbarerweise lässt sich der Fremde überhaupt nicht beirren. Er tritt unaufgefordert näher und sagt: »Mancher hält sich für klug und weiß dennoch nicht, was ihm nützt.«

»Dummes Zeug«, antwortet Mime, er jedenfalls wisse genug, ihm reiche das vollauf. Und im Übrigen habe er ihn nicht gebeten, so dass er also gefälligst weiterziehen möge.

Aber der denkt gar nicht daran, sondern setzt sich bequem an den Herd und kommt dann direkt zur Sache: »Ich wette meinen Kopf, dass du mich nicht fragen wirst, was du dringend wissen musst.«

Mime erschrickt. Für sein Leben gern sähe er den Eindringling draußen. Doch wie auch immer – jetzt heißt es aufpassen. »Ich nehme die Wette an«, sagt er, »wir werden ja sehen. Ich stelle dir also drei Fragen.«

Der seltsame Fremde ist einverstanden, dreimal muss er die richtige Antwort wissen.

Mime will es so schwer wie möglich machen. So fragt er nach den Bewohnern in der Tiefe der Erde, nach denen auf dem Rücken der Erde und nach den Bewohnern wolkiger Höhen.

Der Wanderer denkt nicht lange nach. Er weiß, dass in der Tiefe die Nibelungen wohnen, weiß auch von Alberichs Ring. Er weiß, dass auf dem Rücken der Erde die Riesen hausen, weiß auch, dass Fafner den Hort hütet. Er weiß, dass auf wolkigen Höhen die Götter wandeln und auch, dass Wotans Speer die Welt regiert. Dabei stößt er wie von ungefähr mit seinem Wanderstab auf den Boden, wobei leises Donnergrollen zu hören ist, das Mime heftig erschreckt.

»Nun sag schon, du kluger Zwerg, habe ich alles richtig gewusst, kann ich meinen Kopf behalten?« Mime nickt und fordert den Wanderer erneut auf zu gehen. Doch der rührt sich nicht vom Fleck. »Fragen solltest du, was dir nützt«, wiederholt er, »mit meinem Kopf habe ich für die Antwort gehaftet. Nun lass es uns umgekehrt machen, wie es beim Wetten Brauch ist. Ich stelle dir drei Fragen. Beantwortest du sie nicht, ist dein Kopf mir verfallen.«

Die ganze Sache wird Mime immer unheimlicher, gleichwohl kann er nur gute Miene zu dem Spiel machen und muss sich fügen.

Der Wanderer fragt als erstes nach der Familie, der Wotan Schlimmes zugefügt hat, obwohl er sie liebte. Mime weiß, dass Siegmund und Sieglinde gemeint sind sowie Siegfried, beider Sohn.

Als zweites will der Fremde wissen, welches Schwert Siegfried braucht, um Fafner zu töten. Da ist Mime plötzlich wie ausgewechselt. Mit stolzer Genugtuung antwortet er, dass Notung das Schwert sei; ein weiser Schmied verwahre die Stücke und der allein wisse, dass nur der furchtlose Siegfried den Drachen bezwingen könne. Der Wanderer lobt den Zwerg wegen seiner Klugheit. Doch nun folgt die dritte Frage:

Wer wird denn die starken Stücke wohl zusammenschweißen? Da fährt Mime zu Tode erschrocken auf und vergisst jegliche Verstellung: »Wie soll ich das wissen? Mir gelingt es ja nicht, und ich weiß keinen Rat. Ich bin mit meiner Weisheit am Ende, bin am Ende.«

Der Wanderer steht vom Herd auf und sagt: »Du konntest drei Fragen stellen, doch was dir genützt hätte, fragtest du nicht. Jetzt, wo ich es frage, macht es dich verrückt. Dein Kopf gehört mir. Aber ich will es dir verraten: Nur wer das Fürchten nie erfuhr, schmiedet Notung neu.« Damit schickt er sich an zu gehen. »Behalte deinen klugen Kopf«, sagt er großmütig, »aber hüte ihn gut, denn ab heute ist er dem verfallen, der das Fürchten nie gelernt hat.« Lachend verschwindet der Wanderer im Wald.

Mime bleibt wie angewachsen sitzen. Er stiert vor sich hin, fängt vor Angst an zu phantasieren und glaubt, der grässliche Drache schnappe nach ihm. Vor Entsetzen schreit er auf, und als er wieder zu sich kommt, steht Siegfried neben ihm und fragt nach dem Schwert. Der verstörte Zwerg erfindet Ausflüchte und erklärt, der Junge müsse zuallererst das Fürchten lernen. Wenn er in die Welt wolle, sei das wichtiger als alles andere, wichtiger sogar als das Schwert. Aber bei Fafner, dem Drachen, der am Ende des Waldes haust, könne er es leicht erfahren.

»Auch gut«, meint Siegfried, »dann soll es zunächst dorthin gehen und danach in die Welt. Aber nun endlich das Schwert!«

Doch Mime kann es nicht flicken. »Das kann nur, wer das Fürchten nicht kennt«, sagt er.

Ausreden, denkt Siegfried, nichts als faule Ausreden. Er packt entschlossen die Stücke und macht sich selbst an die Arbeit.

Siegfried wirft Kohlen auf den Herd, spannt die Schwertstücke in den Schraubstock und zerfeilt sie zu Spänen, die er in einem Schmelztiegel in die Glut stellt. Mit dem Blasebalg facht er das Feuer an. Hei, wie die Flammen lustig lodern und die Funken fliegen! Unbändige Freude erfüllt den Jungen. Fröhlich fängt er an zu singen, als er den geschmolzenen Stahl in eine Stangenform

gießt, die er dann im Wasser kühlt. Laut zischt es und Dampf steigt auf. Danach wird der Stahl in den Kohlen geglüht, bis er geschmeidig ist und Siegfried ihn mit dem Hammer bearbeiten kann.

Mime sitzt unterdessen abseits und erkennt, dass er in der Klemme steckt. Vertrackt ist das: Das Schwert gelingt Siegfried, soviel sieht er schon. Oh ja, der Wanderer wusste Bescheid! Dann wäre Mimes Kopf also Siegfried verfallen, wenn – ja, wenn Fafner ihn nicht das Fürchten lehrt.

Andererseits – wie soll Siegfried Fafner erlegen und ihm, Mime, den Ring gewinnen, wenn der Drache ihm Furcht einjagt? Noch nie war guter Rat so teuer.

Einzig mit List lässt sich der Knoten lösen. Sicher wird Siegfried müde sein nach dem Kampf mit Fafner, denkt Mime, dann werde ich ihn mit einem Trank laben, mit einem ganz besonderen, den ich selber braue. Wenige Schlucke, und Siegfried wird in Schlaf sinken ... Ein Leichtes dann, ihn aus dem Weg zu räumen ..., ihn mit seinem eigenen Schwert zu töten ..., Ring und Hort zu gewinnen ..., Alberich zu bezwingen ..., Fürst der Nibelungen zu werden – mächtigster Herrscher der Welt! Schier schwindelig wird es dem Zwerg beim Blick in die Zukunft.

Mittlerweile ist das Schwert fertig, Siegfried befestigt die Klinge im Griff.

»Schau, Mime, ein herrliches Schwert!«, ruft er jubelnd vor Begeisterung, während er Notung über dem Kopf schwingt und jauchzend auf den Amboss niedersausen lässt. Diesmal hält das Schwert stand, doch der Amboß spaltet sich von oben bis unten und bricht mit Donnergetöse auseinander.

Siegfried ist außer sich vor Freude, und Mime sinkt, erleichtert und erschrocken zugleich, vom Schemel.

Der Kampf mit dem Drachen

Stockdunkle Nacht verschluckt die Umrisse von Bäumen und Felsen. Keine Spur von Fafners Höhle. Keine Seele weit und breit an diesem unheimlichen Ort. Und doch: Lungert da nicht jemand herum in der Dunkelheit und ist hellwach?

Alberich wartet. Er wartet auf die Dinge, die sich ereignen werden, die sich ereignen müssen nach allem, was er erfahren hat. Für ihn heißt es, rechtzeitig vor Ort zu sein. Schließlich weiß er, was auf dem Spiel steht.

Plötzlich reißt die Wolkendecke auf und lässt den Mond durchscheinen. Alberich sieht, wie jemand genau auf ihn zukommt – und fährt erschrocken zurück. Den Wanderer, den kennt er doch! Verflucht! Dass der ihm jetzt in die Quere kommen muss!

Der Wanderer hat es überhaupt nicht eilig. Im Gegenteil, er scheint viel Zeit zu haben, was dem Nibelung verdächtig vorkommt und ihn äußerst misstrauisch macht; selbst dann noch, als der andere aufrichtig versichert, er sei nur unterwegs zum Schauen, zum Beobachten, er wolle nur sehen, was sich so tue auf der Welt. Er dächte nicht im Traum daran, sich irgendwie oder in irgend etwas einzumischen.

Alberich beruhigt das nicht im Geringsten, er hat mit Wotan allzu schlechte Erfahrungen gemacht. Daher will er ihm ein bisschen auf den Zahn fühlen, ihn herauslocken, und so sagt er: »Es ist ja kein Geheimnis, dass du deine Schulden bei den Riesen mit meinen Schätzen bezahlt hast, aber ich weiß auch, dass du dir den Ring nicht einfach zurückholen kannst. Verträge kannst selbst du nicht brechen.

Und was Fafner betrifft, der ist ohnehin dem Tod verfallen. Meinem Fluch entkommt er nicht. Somit bleibt da nur noch eins: Wenn er nun stirbt, wer wird ihn dann beerben? Ich. Ich werde den Ring wieder besitzen, ich allein! Und dein Walhall wird erzittern!«

»Ich sorge mich nicht mehr darum«, gibt sich der Wanderer gelassen, »den Ring bekommt, wer ihn gewinnt.« Alberich horcht auf. Das klingt geheimnisvoll. Ob der Alte mehr weiß und sich etwas entreißen läßt? Doch der Wanderer lässt sich nichts entlocken. Das nimmt ihm der neugierige Nibelung übel, als Wotan seinen Weg schließlich gemächlich fortsetzt.

Warte nur, denkt Alberich, du und dein ganzes Göttergelichter, ihr werdet eines Tages vergehen, dafür werde ich sorgen! Ich kann warten, werde ganz einfach warten. Warten und wachsam sein.

Von solchen Gedanken besessen, zieht er sich zwischen die Felsen zurück, nicht weiter als unbedingt nötig, damit ihn keiner sieht. Immerhin will er selbst Fafners Höhle im Auge behalten, die in der Morgendämmerung schon zu erkennen ist. Heute liegt hier etwas in der Luft. Alberich spürt es in allen Gliedern: Es wird sich etwas ereignen.

Da kommen Mime und Siegfried. Sie sind die Nacht hindurch gewandert, um frühmorgens am Ziel zu sein. Siegfried trägt das Schwert an der Seite, das Horn hat er um den Hals gehängt. Prüfend blickt er in die Runde und meint enttäuscht: »Was du nicht sagst, Mime, hier soll ich das Fürchten lernen?«

»Wenn du es hier und heute nicht lernst, wirst du es wohl nie lernen. Dort drüben in der dunklen Höhle wohnt der wilde Drache. Sein Schlund kann dich verschlingen mit Haut und Haar, mit einem Happ. Kommst du mit dem giftigen Speichel in Berührung, der ihm aus dem Rachen fließt, so lösen sich dir Fleisch und Knochen auf.«

»Dann werde ich eben zur Seite springen.«

»Damit dich sein Schweif umschlingt? Der kann dich zerquetschen, dir die Glieder brechen.« Doch Siegfried bleibt neugierig. Er will wissen, ob der Drache auch ein Herz hat und wo es sitzt, damit er Notung hineinstoßen kann.

Nachdem er Bescheid weiß, fordert er Mime auf zu verschwinden: »Geh mir aus den Augen, für immer, sag ich dir! Lass dich nie wieder blicken! Und jetzt lass mich allein!«

Mime aber jammert aufs Neue: »Aber Siegfried, mein Junge, das meinst du doch nicht ernst! Glaub mir, du wirst dankbar sein, wenn ich mich nach dem Kampf um dich kümmere. Ich bleibe in der Nähe. Ruf mich, wenn du mich brauchst!«

Damit trollt er sich. Wenn Fafner und Siegfried sich doch gegenseitig umbrächten, das würde ihn freuen und alle Probleme mit einem Schlag lösen.

Siegfried setzt sich unter eine alte Linde, lehnt sich befreit zurück und schaut in ihr dichtes Blätterdach empor. Dabei gerät er ins Träumen. Er lauscht dem Gesang eines Vögleins und bläst auf seinem silbernen Horn eine lustige Melodie dazu. Was für ein heiterer, friedvoller Morgen; wie wunderschön ist dieser Wald – und hier soll ein niederträchtiger Drache hausen?

Plötzlich nimmt Siegfried unbekannte Geräusche wahr. Er sieht, wie ein riesenhaftes Ungeheuer sich an die Quelle wälzt. Das also ist Fafner? Siegfried staunt zwar nicht wenig über den Drachen, findet ihn aber so komisch, dass er laut lachen muss. Das beleidigt Fafner, dessen Erscheinen bisher noch einen jeden in Angst und Schrecken versetzte.

Der Drache öffnet seinen fürchterlichen Rachen und fletscht drohend die Zähne. Aber Siegfried schlottert kein bisschen, er verzieht nicht einmal die Miene, als der Drache heftig mit dem Schweif ausschlägt. Im Gegenteil, Siegfried findet das sogar lustig. Fafner kocht vor Wut und stimmt ein markerschütterndes und ohrenbetäubendes Gebrüll an.

Siegfried fasst das Schwert fester. Fafner lauert ihm gegenüber und sprüht ihn aus bebenden Nüstern an. Als der Junge blitzschnell ausweicht, peitscht der Drachenschweif hinter ihm her, so dass ihn nur ein mutiger Sprung über den Rücken des Untiers rettet. Ebenso schnell schlägt der Schweif zur anderen Seite, aber da trifft ihn auch schon Siegfrieds Schwert. Der verwundete Drache stöhnt laut vor Schmerz und bäumt sich auf, um sich mit voller Wucht auf den Angreifer zu werfen. Diesen Moment nutzt Siegfried und stößt ihm das Schwert in die Brust, stößt es Fafner mitten ins Herz.

Da bäumt sich das Riesentier noch höher auf, reckt sich zum Himmel, so hoch es kann, bevor es ermattet niedersinkt. Als seine

Kräfte nachlassen, wälzt es sich sterbend zur Seite. Nun ist Gelegenheit für Siegfried, ihm das Schwert aus der Brust zu ziehen.

Unversehens wird seine Hand dabei warm und feucht vom Drachenblut, er führt sie unwillkürlich zum Mund und leckt daran. Kaum ist Siegfrieds Zunge mit dem Drachenblut in Berührung gekommen, geht etwas Sonderbares mit ihm vor. Der Gesang der Waldvögel nimmt ihn gefangen, und es ist ihm auf einmal, als sprächen sie mit ihm.

Dem Lauscher stockt der Atem. Ein Schatz soll in der Höhle liegen, der Nibelungenschatz? Und was ist los damit? Siegfried soll auf die Tarnkappe und den Ring achten, weil dieser Ring maßlose Macht verleiht? Neugierig steigt Siegfried in die Drachenhöhle. Kaum hat er den Rücken gekehrt, schleicht Mime näher. Ängstlich nach allen Seiten äugend, folgt er Siegfried voller Ungeduld.

Zur gleichen Zeit verlässt Alberich seinen Hinterhalt. Nun, da der Hort nicht mehr bewacht wird, eilt auch er gierig zur Höhle. Zum Greifen nahe ist der Ring. Das fehlte noch, dass ihm, Alberich, jemand zuvorkäme! Und so tritt er dem Bruder urplötzlich in den Weg. Ein unerfreuliches Wiedersehen, denn Mime will seinen Anteil an der Beute. Schließlich hat er Siegfried, der den Drachen bezwang, aufgezogen.

Alberichs Antwort ist nur ein höhnisches, widerwärtiges Gelächter. Mime sieht sich wieder einmal geprellt, betrogen um den Lohn seines Lebens. Wild entschlossen droht er: »Warte nur, Bruder, ich hole Siegfried und sein Schwert, das kriegst du zu schmecken! Da kommt er schon aus der Höhle zurück, ist nicht einmal mit Gold beladen, der Dummkopf …«

Der blanke Schrecken durchzuckt die Zankenden, denn als Siegfried näherkommt, müssen sie beide erkennen, dass er nichts weiter bei sich trägt als Tarnkappe und Ring.

»Nun lass dir den Ring doch geben!« zischt Mime den Bruder schadenfroh an. Alberich begreift augenblicklich, dass er das Spiel verloren hat – für heute jedenfalls, für diesmal. Er fügt sich ins Unabänderliche, steckt die Niederlage zähneknirschend ein und sucht,

schimpfend und fluchend, zwischen den Felsklüften das Weite.

Mime verdrückt sich gleichfalls, ohne dabei Siegfried aus den Augen zu lassen. Der steht in Gedanken versunken, betrachtet unschlüssig die Beute und weiß nicht recht, wozu sie gut sein soll. Er hat sie genommen, weil das Vöglein dazu riet. Gleichgültig steckt er die Tarnkappe in den Gürtel und streift den Ring über den Finger. Dabei fällt ihm ein, dass er das Fürchten immer noch nicht gelernt hat.

Im Wald ist es wieder still und friedlich. Aber horch! Da ist des Vögleins Stimme, ganz deutlich. Was sagt es? Siegfried soll sich vor Mime in Acht nehmen? Er darf ihm nicht trauen? Er soll seine bösen Gedanken hinter dem heuchlerischen Geschwätz erkennen, sich von schönen Worten nicht einfangen lassen?

Also bleibt Siegfried, auf sein Schwert gestützt, ruhig stehen und lässt Mime herankommen, der ihn mit falscher Freundlichkeit begrüßt: »Willkommen, Siegfried, hast du das Fürchten nun gelernt?«

Bei sich aber denkt Mime: Die Beute muss ich ihm abnehmen, die Beute ... Und sterben muss er auch, das ist am sichersten.

Siegfried fragt: »Warum trachtest du mir nach dem Leben?« Mime ist verblüfft. »Was redest du da? Das habe ich doch gar nicht gesagt, wie kommst du bloß auf so etwas?« Beflissen bietet er Siegfried den selbstgebrauten Trank mit der betäubenden Wirkung an: »Hier, trink erst mal, erquicke dich, das wird dir gut tun nach der Anstrengung!«

Bei sich denkt er: Trinke nur, mein Söhnchen, trinke nur, dann wirst du in tiefen Schlaf sinken und ich werde dich töten mit deinem eigenen Schwert. Dann gehören mir Schatz und Schwert. Hämisch kichert Mime in sich hinein, frohlockend, als sei alles bereits geschehen.

Siegfried hat genug verstanden, er weiß Bescheid. Es ekelt ihn vor dem Gesöff, das Mime ihm reicht, und es ekelt ihn vor Mimes Falschheit und Zudringlichkeit. Mit einem einzigen Streich seines Schwertes streckt er ihn zu Boden. Den Leichnam wirft er in die

Höhle zum Hort, und den erschlagenen Drachen wälzt er vor den Eingang.

Es ist Mittag geworden, die Sonne steht hoch am Himmel. Siegfried setzt sich in den Schatten der Linde. Wie froh ist er, endlich frei zu sein, zum ersten Mal frei. Aber er fühlt sich auch mutterseelenallein und hätte gerne Gesellschaft, natürlich bessere als Mime. Ob sich das Vöglein wohl noch einmal zeigt, damit er es fragen kann? Nachdem er eine Weile geduldig gewartet hat, ruft er schließlich und hat Glück. Das Waldvöglein verrät, dass Siegfried nicht mehr lange allein sein wird. Er wird Brünnhilde finden, die auf einem hohen Felsen schläft, vom Feuer umlodert.

Siegfrieds Herz schlägt schneller vor Freude. Aber wird er das Feuer durchschreiten können? Da ist das Waldvöglein ganz sicher; denn nur, wer das Fürchten nicht gelernt hat, kann die schlafende Brünnhilde wecken. Voller Begeisterung springt Siegfried auf. Nun weiß er, dass es ihm allein bestimmt ist, Brünnhilde zu finden. Doch wo ist der Weg, der zu ihr führt? Da flattert das Vöglein auf und fliegt voran. Siegfried braucht ihm nur zu folgen.

Siegfried und Brünnhilde

Noch nie hat Siegfried sich so frei gefühlt und so leicht, so beschwingt und voller Erwartung. Er schreitet kräftig aus, immer dem voranflatternden Waldvöglein nach. Wenn er es nicht mehr sehen kann zwischen Zweigen und Blättern, dann braucht er nur dem Gesang zu folgen. Unmerklich geht der Nachmittag in den Abend über, und nicht lange dauert es, da bricht die Nacht herein. Das Vöglein ist verschwunden. Trotzdem zweifelt Siegfried keinen Augenblick, dass er den richtigen Weg eingeschlagen hat und nicht mehr weit vom Ziel entfernt ist.

Mondlicht erhellt die Finsternis und macht gleichzeitig die Schatten noch schwärzer. Und eben dort, im Schatten, steht ein müder Wanderer, der trüben Gedanken nachhängt. Längst weiß Wotan, dass er Fehler begangen und Unrecht getan hat. Doch zurückdrehen kann er das Rad nicht, die Dinge werden ihren Lauf nehmen. Allein der Gedanke an Siegfried erfüllt ihn mit Freude.

Ja, Siegfried kennt keine Furcht, ist nicht an Verträge gebunden, ist frei und kann seinem eigenen Willen folgen. Er hat für Neid und Gier keinen Platz in seinem Herzen und kennt keine Machtgelüste. Bei Siegfried wird der Fluch des Ringes ohne Wirkung bleiben. Da besitzt der Junge nun den Ring und kennt kaum seinen Wert, trägt ihn ohne alle Vorsicht.

Wie leicht könnte Wotan den Ring wieder an sich bringen! Hat er es sich früher nicht gewünscht? Gewiß – wenn der Fluch nicht daran klebte, dieser grässliche Fluch! Es wäre nötig, den Ring vom Fluch zu reinigen und ihn den Nixen zurückzugeben.

Wotan hört Schritte und tritt aus dem Schatten. Siegfried ist nicht wenig überrascht, als ihn plötzlich der Wanderer nach dem Wohin fragt, doch er antwortet sogleich frei heraus: »Ich suche einen Felsen, der von Feuer umgeben ist. Da schläft eine Frau, die ich wecken will.«

»Wer hat dir das erzählt?«

»Ein Waldvogel hat mir's verraten.«

»Ein Vogel? Wie konntest du den denn verstehen?«

»Das hat wohl das Blut des Drachen bewirkt, den ich erschlagen habe. Als meine Zunge damit in Berührung kam, verstand ich die Stimmen der Vögel.«

»Und wer riet dir, den Drachen zu töten?«

»Das war Mime, der falsche Zwerg. Er wollte mich das Fürchten lehren.«

»Und wer hat dir das Schwert geschmiedet, so scharf und hart, dass der Drache erlag?«

»Das Schwert hab ich mir selbst gemacht, sonst hätte ich wohl bis heute noch keines.«

Die Unterhaltung macht dem Wanderer Spaß. So fragt er gern, was er schon weiß, freut sich über Siegfrieds freimütige Antworten und bricht in behäbiges Lachen aus.

Das allerdings ärgert den Jungen, dem die Fragerei ohnehin lästig wird. Lacht der Alte ihn etwa aus? Was will er überhaupt von ihm?

»Hör mal«, sagt er darum, und sein Ton ist kurz und barsch, »wenn du mir den Weg zeigen kannst, so rede, und wenn du es nicht kannst, so halte deinen Mund!»

Diese Antwort verdrießt den Wanderer, so viel Frechheit geht zu weit. Muss er sich das bieten lassen? Zwar weiß der Knabe nicht, wen er vor sich hat, aber trotzdem – bei aller Liebe zu Siegfried –, noch bestimmt er selbst. Also erhält der Junge einen Denkzettel, indem der Alte versucht, ihn vom eingeschlagenen Weg abzubringen. Doch Siegfried lässt sich nicht beirren. Nun, dann wird Wotan eben ein göttliches Machtwort sprechen. Er verbietet Siegfried rundheraus weiterzuziehen.

Aber auch das bleibt ohne Wirkung. Offenbar ist Siegfried nicht aufzuhalten. Keck fragt er nun gar den Alten, wer er denn überhaupt sei, dass er ihm etwas verbieten könne. »Ich bin der Hüter des Felsens«, gibt der Wanderer Auskunft, »und du, du solltest mich fürchten. Meine Macht allein hält die Frau dort im Schlaf, wer sie weckt, zerstört meine Macht – darum hüte dich!«
Den Drachenbezwinger schreckt solche Drohung nicht, noch dazu in diesem

Augenblick, wo am Himmel feuriger Schein zu sehen ist.

Das Leuchten wird stärker und stärker. Der Wanderer weist mit dem Speer dorthin, warnt von neuem und rät dem Jungen eindringlich, seinen Plan aufzugeben. Er sehe doch schon von ferne, dass die Glut ihn fressen und erbarmungslos töten werde, sobald er in die Nähe komme.

Aber auch diese Warnung ist in den Wind gesprochen. Nachdrücklich verbittet Siegfried sich jede weitere Einmischung und wendet sich unbeirrt in Richtung des Feuers. Er lässt nicht den geringsten Zweifel daran, dass er zu Brünnhilde muss.

Da tritt ihm der Wanderer beim Weitergehen plötzlich in den Weg. Noch einmal wehrt er sich, glaubt sich mächtig, verbittet sich Widerspruch und gibt den Weg nicht frei. »Wenn du schon das Feuer nicht fürchtest«, sagt er, »so versperrt dir doch mein Speer den Weg. Schon einmal ist das Schwert, das du schwingst, am ewigen Speer zersprungen.«

Er hebt seinen Speer in die Höhe und hält ihn Siegfried entgegen. Der hat mit solcher Nachricht nicht gerechnet, sie verwirrt und erregt ihn stark. »Dann bist du also meines Vaters Feind«, ruft er, »gut, dass ich dich endlich treffe! Hei, das gibt herrliche Rache! Los, Alter, schwing deinen Speer nur, mein Schwert wird ihn in Stücke schlagen!«

Und so geschieht es denn. Sie fechten nicht lange. Kaum dass sie begonnen haben, schlägt Siegfried Wotans Speer in Stücke. Der Speer, an dem Notung einst zerschellte, zerspringt nun unter Siegfrieds Schwert. Und mit dem Speer zerbricht zugleich die unumschränkte Macht des Gottes. Das Ende der Götter dämmert herauf. »Wer meines Speeres Spitze fürchtet, durchschreite das Feuer nie!« waren Wotans Worte vor langer Zeit, damals, als er Brünnhilde in Schlaf versenkte. Nun ist der gekommen, der seinen Speer nicht gefürchtet, der ihn besiegt hat.

Wotan begehrt nicht mehr auf. Er gibt den Weg frei. »Zieh hin, ich kann dich nicht halten!« sind seine Abschiedsworte.

Siegfried schreitet frohen Mutes auf das Feuer zu, bläst eine muntere Melodie auf dem Horn und stürzt sich furchtlos in die

Flammen, die kleiner und immer kleiner werden, bis sie sich aufzulösen scheinen.

Der Morgen zieht herauf, ein heiterer Tag wird es werden, das schönste Himmelsblau breitet sich aus. Siegfried blickt staunend um sich. Im Tannenwald liegt ein schlafendes Pferd. Dann entdeckt er Brünnhilde im Schatten des Baumes, der seine Äste schützend über sie breitet. Scheu tritt er näher und hebt beklommen den Schild hoch. Noch ist Brünnhildes Gesicht halb vom Helm verdeckt, den Siegfried vorsichtig löst und der Schlafenden vom Kopf nimmt. Langes, lockiges Haar quillt hervor.

Wenn die schöne Frau doch die Augen öffnete! Siegfried fühlt sich mit so übermächtiger Gewalt zu ihr hingezogen, dass ihm richtig bange zu Mute wird. Ob es Furcht ist, was ihn jetzt überkommt? Als er Brünnhilde küsst, schlägt sie die Augen auf und blickt ihn verwundert an. Sie erfährt, dass es Siegfried gewesen ist, der das Feuer durchschritten und sie geweckt hat. Sie sieht ihr Pferd, das gleichfalls erwacht ist.

Voll Freude grüßt sie die neu gewonnene Welt und vor allem Siegfried, dem sie immer wieder glücklich in die Augen schaut – bis plötzlich eine schlimme Erinnerung sie tief traurig stimmt: Sie ist aus Walhall verbannt.

Aber da ist Siegfried, der sie tröstet und der sie liebt. Was auch immer geschehen ist – sie scheucht die Traurigkeit fort und lacht darüber. Sie liebt Siegfried, was kann Walhall sie noch kümmern!

Vater ist wieder dran

»Heute bist du wieder dran!«, sagt Philipp einige Tage später zu seinem Vater.
»Was bin ich, was meinst du – womit dran?« fragt Vater.
»Ach, du weißt ja, die Ringgeschichte ... die könntest du mir eigentlich zu Ende erzählen. Ihr seid doch in der ›Götterdämmerung‹ gewesen, die kenn ich noch nicht.«
»Da muss ich erst mal überlegen.«, sagt Vater, der mit seinen Gedanken ganz woanders ist.
»Was musst du denn überlegen, ob du Zeit hast oder wie es weitergeht?«
»Hör mal, das ist ja ein richtiger Überfall!«
Philipp kümmert das herzlich wenig, Hauptsache, die Geschichte geht endlich weiter. Er bringt die Sache rasch in Gang und sagt:
»Mutter ist mit ›Siegfried‹ zu Ende. Das Letzte war, dass Siegfried mit Brünnhilde auf dem Felsen ist und den Ring hat. Sieht aus, als wenn die zusammenbleiben. Und der alte Wotan hat abgedankt. Wieso eigentlich alt? Ob der die Äpfel nicht mehr gegessen hat? Und warum heißt das Nächste ›Götterdämmerung‹?«
Vater ist überlistet.
»Götterdämmerung bedeutet Untergang der Götter«, erklärt er, »es wird allmählich Nacht

um sie, erst kommt die Dämmerung. Sie werden im Dunkel versinken, ausgelöscht sein für immer. Aber in der Geschichte geht es gar nicht mehr um die Götter, da geht es um Siegfried und einige andere, die du noch nicht kennst.«

»Und um den Ring.«

»Ja, natürlich. Den Ring besitzt jetzt Siegfried.«

»Ich bin mal gespannt, was der damit macht. Bleibt er überhaupt da oben auf dem Felsen?«

»Bestimmt nicht. Dann wäre er nicht Siegfried. Er will mehr sehen von der Welt und Brünnhilde versucht auch nicht, ihn davon abzuhalten. Siegfried schenkt ihr zum Abschied den Ring von seinem Finger, eben den aus Fafners Höhle. Brünnhilde ist entzückt, will ihn hüten wie ihre größte Kostbarkeit und im Schutz des Flammenkreises auf Siegfrieds Rückkehr warten. Sie schenkt ihm ihr Pferd, das er den Felsen herunter ins Tal leitet. Als Abschiedsgruß spielt Siegfried ihr eine Melodie auf dem Horn, und dann schlägt er die Richtung zum Rheinufer ein.«

»Nun geht's weiter!«, freut Philipp sich.

Götterdämmerung

Bei den Gibichungen

So lieb Siegfried und Brünnhilde einander haben – Siegfried drängt es in die Welt, ihn locken Abenteuer und große Taten. Brünnhilde will im Schutz des Feuers auf seine Rückkehr warten. Sie versprechen sich Treue, und als Zeichen seiner Liebe schenkt Siegfried Brünnhilde den Ring, den er am Finger trägt und mit dessen unermesslichem Wert er nichts anzufangen weiß.

Glücklich streift Brünnhilde ihn über, er ist fortan ihr kostbarster Besitz. Sie schenkt Siegfried ihr Pferd, damit er zu Tal reiten kann. Bevor er die Richtung zum Rheinufer einschlägt, schickt er als Abschiedsgruß eine Melodie auf dem Horn hinauf.

Nicht lange, da entdeckt Siegfried am Ufer einen Kahn, gerade groß genug, um ihn und sein Pferd aufzunehmen. Mühelos lenkt er das Boot rheinaufwärts gegen den Strom und lässt den Blick dabei ins Land schweifen. Er ist froh und glücklich. Kräftig stößt er ins Horn, dass es weithin schallt.

Wenngleich Siegfried keinen Menschen sehen kann, so verhallt sein Lied doch nicht ungehört. Er ist dem Wohnsitz der Gibichungen schon sehr nahe, den Nachkommen von König Gibich, der einst hier herrschte und jenen stolzen Bau am Ufer des Rheins errichtete, wo in der prächtigen Halle drei Menschen zusammensitzen. Es sind Gunther und seine Schwester Gutrune sowie, als dritter in der Runde, der mürrische Hagen, zwar mit ihnen verwandt, aber doch ganz anders geartet.

Den dreien geht es rundum gut, was allerdings nur die Gibichungen-Geschwister mit Zufriedenheit erfüllt. Hagen drängt es hingegen, den beschaulichen Frieden zu stören. Er ist nämlich mit Alberich im Bunde. Und daher stammt wohl auch sein Wissen um die Neuigkeiten in der Welt.

Alles, was man braucht, um glücklich zu sein, habe Gunther ja auch nicht, meint Hagen schließlich, immerhin fehle ihm noch eine Frau, und Gutrune fehle der Mann.

Das stimmt zwar, Gunther hat selbst schon daran gedacht – aber er kennt keine passende. So fragt er Hagen. Der hat die Frage geahnt und die Antwort längst überlegt: »Oh, ich wüsste da schon eine Frau für dich, Gunther, die edelste, die du finden kannst. Leider liegt sie auf hohem Felsen, von Feuer umgeben.« Der ahnungslose Gunther fragt: »Wie kann ich da hindurchkommen?«

»Das kann nur Siegfried«, sagt Hagen, »Siegfried, der den Drachen erschlug.« Gunther erinnert sich: »Natürlich habe ich von dem Drachen gehört und von dem Nibelungenhort.« »Den hat Siegfried jetzt errungen«, sagt Hagen, »aber glaube mir, wer den Schatz geschickt zu nutzen versteht, der kann Macht über die ganze Welt gewinnen.«

Das klingt nun zwar geheimnisvoll und verlockend, aber was hat die Sache mit ihm, mit Gunther zu tun? Unwillig fragt er Hagen: »Was hast du vor? Warum machst du mir Lust auf etwas, das ich doch nicht bekommen kann?« »Oh«, entgegnet Hagen, »bist du da ganz sicher? Stell dir einmal vor, Siegfried würde dir die Braut selber bringen.«

»Warum sollte er das wohl tun?«

»Vielleicht, weil ihm Gutrune gefällt. Dann könntest du ihn sogar darum bitten.«

Jetzt schaltet sich Gutrune ein, die bisher schweigend zugehört hat. Verärgert sagt sie: »Schweig endlich still, elender Hagen, und hör auf zu spotten! Wie sollte ich Siegfried gefallen?«

Auch das hat Hagen bereits vorausbedacht: »Hast du etwa den Trank vergessen, den ich vor kurzem erst gebraut habe? Er steht seither im Schrank. Käme nun Siegfried und tränke davon, so hätte er nur noch Augen für dich, Gutrune; er würde alles vergessen, was vorher gewesen ist.«

Gunther findet Hagens Plan gar nicht so übel, im Gegenteil, die Sache sollte überlegt werden. Doch was ist das? War in der Ferne nicht eben ein Horn zu hören? Die drei horchen und lauschen. Hagen geht zum Ufer hinunter – und richtig: Ein Stück flussabwärts lenkt Siegfried den Kahn mit mächtigen Ruderschlägen näher, während Hagen, die Hände um den Mund gelegt, ihm einen Willkommensgruß zuruft. Nachdem Siegfried angekommen ist, macht er das Boot fest, führt sein Pferd an Land und fragt nach Gibichs Sohn.

Gunther, der inzwischen ebenfalls ans Ufer gekommen ist, antwortet: »Ich bin es selbst.« Er heißt den Besucher willkommen und bietet ihm sein Haus an, wie es Sitte ist. Siegfried bedauert, dass er nichts dagegensetzen kann als sich selbst und sein Schwert. Hagen, der Siegfrieds Pferd weggeführt hat, hört das und sagt beiläufig: »Man erzählt sich, dass du Herr des Nibelungenhortes bist.«

»Ach, der Schatz, den hätte ich fast vergessen«, sagt Siegfried gleichgültig, »ich habe ihn in der Höhle gelassen. Daran siehst du, wie wenig er mir bedeutet.«

Hagen bohrt weiter: »Und du hast nichts mitgenommen?« Siegfried deutet auf das metallene Gewirk, das ihm im Gürtel steckt: »Dies hier habe ich genommen – aber ich weiß nicht, wozu das taugen soll.«

»Das ist eine Tarnkappe, die kenne ich«, erklärt Hagen, »wenn du die auf den Kopf setzt, kannst du dich in jede Gestalt und an jeden Ort wünschen, ganz wie es dir beliebt. Und sonst, sonst hast du wirklich nichts weiter vom Hort?«

»Einen Ring noch.«

»Den hütest du wohl gut?«

»Den hütet eine Frau. Brünnhilde.«

Während die Männer herangekommen sind, hat Gutrune Siegfried vom Haus her neugierig betrachtet. Er gefällt ihr, sie ist regelrecht verwirrt. Jetzt öffnet sie die Tür, tritt heraus und reicht dem Gast einen Begrüßungstrunk. Siegfried ist in Gedanken bei Brünnhilde; er nimmt das Trinkhorn wie abwesend entgegen und hält es eine Zeit lang in der Hand, bevor er es an die Lippen hebt und den ersten Schluck auf seine ferne Frau und das gemeinsame Glück trinkt. Bedächtig leert er das Horn bis auf den Grund. Die Gastgeber beobachten ihn aufmerksam. Als Siegfried Gutrune das Horn zurückreicht, kann er den Blick nicht mehr von ihr wenden. Jedwede Erinnerung an Brünnhilde ist ausgelöscht. Es ist, als sei Siegfried ihr nie begegnet. Dagegen betrachtet er Gutrune jetzt mit immer größerer Anteilnahme. Wie verzaubert schaut er ihr nach – sie wäre genau die richtige Frau für ihn. Hagens teuflischer Vergessenstrank hat schlimme Wirkung getan. Siegfried will wissen, ob Gunther denn keine Frau habe. »Nein«, antwortet der, »aber ich weiß eine. Leider ist sie vom Feuer umgeben, das ich nicht durchdringen kann.«

»Ich fürchte kein Feuer«, ruft Siegfried aus, »ich will dir gerne helfen, die Frau zu gewinnen – wenn ich nur Gutrune bekomme!«

Ungeduldig fragt Gunther, wie Siegfried ihm denn zu helfen gedenke. »Mit der Tarnkappe natürlich. Ich wünsche mir deine Gestalt.«

Damit nun bei so einer verzwickten Angelegenheit auch alles wie vereinbart zugeht, wollen die beiden Männer einen Schwur leisten und Blutsbrüderschaft schließen. Sofort ist Hagen zur Stelle und füllt frischen Wein ins Horn. Siegfried und Gunther ritzen sich mit ihren Schwertern ein wenig die Arme und lassen ein paar Tropfen Blut dazufallen. Dann trinken sie, jeder die Hälfte, und geloben sich Treue. Sie sind nun Blutsbrüder, Freunde, die einander niemals betrügen dürfen. Der Betrüger müsste es mit dem Leben bezahlen. Sie besiegeln ihren Bund durch Handschlag. Danach zerschlägt Hagen das Horn.

Die Fahrt zu Brünnhilde kann nun beginnen, Siegfrieds Boot liegt bereit. Gunther steigt mit ein, er wird die Nacht darin verbringen und warten, bis Siegfried mit Brünnhilde kommt und ihm die Braut übergibt. Hagen bleibt zurück, um den Hof zu bewachen. Mit Speer und Schild setzt er sich vor die Halle, zufrieden mit dem Lauf der Dinge. Lässt sein Plan sich nicht hervorragend an? Sehr bald schon wird der Ring ins Haus kommen, der Ring, auf den all sein Trachten zielt.

Aber noch trägt Brünnhilde den Ring. Zu eben dieser Zeit betrachtet sie ihn liebevoll und denkt dabei an Siegfried, der gewiss bald heimkehren wird. Plötzlich vernimmt sie ein fremdes Geräusch. Merkwürdig, denkt sie, so kündet Siegfried sich doch nicht an. Aus der Wolke fährt es herab, Pferd und Reiterin sind es, und eine Stimme ruft Brünnhilde beim Namen. Das klingt so vertraut, hat sich

tatsächlich eine der Schwestern hergewagt? Brünnhilde eilt ihr stürmisch entgegen. »Du hast es gewagt, in meine Nähe zu kommen? Ich kann es nicht glauben, dass du mich besuchst trotz Wotans Verbot. Oder hat sich sein Zorn verzogen? Hat sich sein Sinn geändert? Das wäre gut, aber mich betrifft es nicht mehr. Mich hat seine Strafe zur glücklichsten Frau gemacht. Bist du gekommen, an meinem Glück teilzuhaben?«

Die Schwester steht da und zittert am ganzen Körper. »Die nackte Angst hat mich hergetrieben«, sagt sie, »und die Angst ist es auch, die mich nach Walhall zurücktreibt.«

Brünnhilde fragt, was denn los sei mit den ewigen Göttern. »Du sollst es hören!«, sagt die Schwester. »Seit Wotan sich von dir getrennt hat, schickte er uns nicht mehr aus, mutige Streiter nach Walhall zu bringen. Er zieht seither als Wanderer durch die Welt. Neulich kehrte er müde heim und hielt den zerschlagenen Speer in der Hand.

Seine Krieger hat er angewiesen, Holz zu fällen und die Scheite um Walhall herum aufzuschichten. Schwester, lässt das nicht Schlimmes ahnen? Freias Äpfel rührt er nicht mehr an. Er denkt an dich, Brünnhilde. Einmal sagte er wie im Traum: ›Wenn sie den Rheintöchtern doch den Ring zurückgäbe, so wäre die Welt vom Fluch erlöst!‹ Mir sind die Worte nicht aus dem Sinn gegangen, darum habe ich mich fortgestohlen und bitte dich: Beende die Qual der Götter!«

»Das sind ja traurige Geschichten«, erwidert Brünnhilde, »aber nun verrate mir, was du eigentlich willst.«

»Du hast nicht verstanden, warum ich hier bin«, sagt die Schwester, »es geht um den Ring, um den Ring an deinem Finger. Wirf ihn von dir, tu es für Wotan!«

Brünnhilde begreift immer noch nicht: »Den Ring? Ich soll den Ring von mir werfen?«

»Gib ihn den Rheintöchtern zurück!«

»Ich soll den Rheintöchtern den Ring zurückgeben? Du bist wohl von Sinnen! Den Ring, den Siegfried mir als Zeichen seiner Liebe geschenkt hat?«

Die Schwester versucht es noch einmal: »Versteh mich doch! Alles Unheil der Welt haftet an dem Ring. Wirf ihn von dir, schleudere ihn in die Fluten – und Walhalls Elend hat ein Ende!«

Brünnhilde denkt nicht daran: »Weißt du überhaupt, was du redest? Der Ring bedeutet mir mehr als das Glück der Götter. Geh und sage ihnen, auch wenn Walhall in Trümmer sinkt, werde ich Siegfrieds Ring nicht hergeben.«

»Ist das dein letztes Wort?«

»Schwing dich in die Lüfte, den Ring bekommst du nicht!«

Die Schwester stürzt kopflos davon. »Wehe, wehe …,« klingt es lange, »wehe dir, Brünnhilde, wehe Walhalls Göttern!«

Während Brünnhilde der davonjagenden Wolke nachschaut, hört sie in der abendlichen Dämmerung Siegfrieds Horn. Freudig läuft sie dem Ankommenden entgegen – und prallt ebenso schnell zurück, denn vor ihr steht ein Fremder, der sich als Gunther, der Gibichung, vorstellt. Er sei gekommen, sie als Braut zu werben, sagt er. Brünnhilde schaudert es. Wie konnte jemand anders als Siegfried den Flammenkreis durchdringen? Verstört weist sie Gunthers Werben zurück, niemals wird sie ihm folgen. Doch ihre Weigerung schreckt ihn nicht, so dass Brünnhilde ihm schließlich drohend die Hand mit Siegfrieds Ring entgegenstreckt: Niemand soll ihr nahekommen, solange dieser Ring sie schützt!

Das reizt den Brautwerber erst recht. Brünnhilde mag sich noch so sehr sträuben, der Eindringling entreißt ihr den Ring mit Gewalt. Ihr Schmerz und ihre Verzweiflung kümmern ihn nicht. Und morgen in aller Frühe, wenn die Dunkelheit gewichen ist, wird er dem Freund die Braut übergeben.

Betrug und Verrat

Hagen lehnt zusammengesunken an der Halle, den Speer im Arm und den Schild an der Seite. Mitten in seinen Gedanken an den Ring ist er vor Müdigkeit eingeschlafen, und nun träumt er einen wunderlichen Traum. Alberich ist erschienen und erzählt von Wotan, dem zerschlagenen Speer und von den armseligen Göttern, die er, Alberich, nun allesamt nicht mehr fürchtet. Aber Siegfried, den fürchtet er, Siegfried, den sein Fluch nicht erreichen kann, der den Wert des Ringes nicht kennt und seine Macht nicht nutzt. Ihm muss man den Ring abjagen und sodann verhindern, dass die Rheintöchter ihn zurückbekommen. Denn Alberich gehören Ring und Macht, ihm ganz allein. Nur Hagen wird daran teilhaben.

Im Morgengrauen zerrinnt der Traum. Die Sonne geht auf und spiegelt sich im Wasser. Hagen reibt sich die Augen. Hat ihm da jemand einen Gruß zugerufen? Tatsächlich, Siegfried ist zurück. Er steht leibhaftig vor ihm, die Tarnkappe hängt wieder im Gürtel. Gleich ruft Hagen Gutrune heraus, und Siegfried berichtet beiden, wie er als Gunther im Frühnebel, der ihm sehr zustatten kam, mit Brünnhilde ins Tal herabgestiegen ist. Dort, in der Nähe des Strandes, habe der richtige Gunther umgehend seine Stelle eingenommen, und er, Siegfried, habe sich rasch hierhergewünscht – ein Kinderspiel mit der Tarnkappe! Nun würden Gunther und Brünnhilde sicher bald eintreffen. Dann sollte man das Paar gebührend empfangen und für eine prächtige Hochzeit sorgen.

Gern gibt Gutrune Anweisungen: »Alle sollen sie kommen an Gibichs Hof, die Gefolgsleute im Land sollen teilhaben an unserm Glück. Du, Hagen, lädtst die Männer ein, aber mache es freundlich! Ich rufe die Frauen. Es wird ein herrliches Fest geben, eine zweifache Hochzeit: Siegfried und Gutrune, Gunther und Brünnhilde.«

Nachdem Hagen den Fluß hinuntergespäht und in der Ferne das Boot entdeckt hat, stößt er mit aller Kraft in das große Stierhorn, um die Kunde landauf, landab zu verbreiten.

Doch was ruft er? »Herbei, ihr Männer, macht euch auf, eilt alle herbei! Tragt starke Waffen, denn Not ist ausgebrochen. Wehe, wehe!«

Aus verschiedenen Richtungen antworten die Hörner der Gefolgsleute. Bewaffnete Männer stürmen von den Höhen und eilen aus dem Tal heran. Ist Gunther in Not? Rücken Feinde näher? Nein – nichts von alledem. Sie sollen Gunther und Brünnhilde empfangen, verrät Hagen, Gunther wolle Hochzeit feiern.

Das überrascht die Männer. Sie brechen in fröhliches Lachen aus.

»Seid freundlich zu der neuen Herrin«, mahnt Hagen, »helft ihr, wenn ein Leid sie trifft, und seid bereit, es zu rächen!«

Inzwischen haben Gunther und Brünnhilde das Ufer erreicht. Ein paar Männer helfen, den Kahn aufs Land zu ziehen. Dann führt Gunther seine Braut zur Halle hinauf. Die Umstehenden lassen die beiden hochleben. Sie jubeln und schlagen vor Begeisterung an die klirrenden Waffen. Brünnhilde ist bleich und blickt stumm zu Boden. Nun treten Siegfried und Gutrune heraus, um das Paar zu begrüßen. Brünnhilde schaut auf und sieht unversehens Siegfried vor sich stehen. Der Schrecken trifft sie wie ein Blitzschlag. Ist das ein Trugbild? Sie läßt Gunthers Hand los, wankt starren Blicks auf Siegfried zu und weicht entsetzt zurück.

Die Hochzeitsgäste rätseln und murmeln durcheinander. Was mag die Braut so heftig erschüttert haben? Brünnhilde schwankt, als zöge ihr jemand den Boden unter den Füßen weg.

»Siegfried, du bist hier?«, fragt sie mit tonloser Stimme, »mit einer Frau an deiner Seite?« Sie taumelt, und Siegfried, der am nächsten steht, fängt sie auf. »Siegfried, kennst du mich nicht?« fragt sie.

Doch Siegfried antwortet nicht. Seine Erinnerung ist ausgelöscht, auch nicht die leiseste Spur kehrt zurück. Schlimm wirkt der Zaubertrank. So winkt Siegfried nun Gunther heran und sagt: »Komm her, deiner Frau ist übel.«

Dabei entdeckt Brünnhilde den Ring und ruft aufgebracht: »Da, der Ring an deiner Hand – er gehört dir nicht! Gunther hat ihn mir entrissen, wie konnte er ihn dir schenken?«

»Ich habe ihn nicht von Gunther!«, antwortet Siegfried und betrachtet nachdenklich den Ring. Da wendet sich Brünnhilde an Gunther: »Du hast mir den Ring vom Finger gezogen, das weiß ich ganz sicher. Wenn du ihn Siegfried nicht gegeben hast, müßte er ja bei dir sein; also fordere ihn zurück – das ist dein gutes Recht!«

Gunther befindet sich jetzt in größter Verlegenheit. »Den Ring soll ich zurückfordern? Ich habe ihn Siegfried ja gar nicht gegeben, bestimmt nicht. Wie kann ich ihn da zurückfordern? Sag mal, kennst du ihn auch ganz genau, bist du sicher, dass du dich nicht irrst?«

»Wo ist denn der Ring geblieben, den du von mir erbeutet hast?« will Brünnhilde wissen. Gunther schweigt.

Hagen hat sich solange im Hintergrund gehalten und sein teuflisches Spiel verfolgt. Jetzt scheint ihm der Zeitpunkt günstig, die Sache in die Hand zu nehmen. »Hör zu, Brünnhilde«, fragt er sie, »kennst du den Ring wirklich ganz genau? Überlege: Wenn es der ist, den du Gunther gegeben hast, so gehört er ihm. Und wenn Gunther den Ring nicht Siegfried geschenkt hat, kann Siegfried ihn nur auf unrechte Weise gewonnen haben. Das muss er büßen.«

Brünnhilde schreit empört: »Verrat ist alles, gemeiner Betrug und schändlicher Verrat! Siegfried ist mein Mann und nicht Gunther!«

Siegfried erinnert sich noch immer an nichts. Er weiß nur, dass er die Braut für Gunther geworben und dabei kein Unrecht begangen hat. »Brünnhilde lügt!«, sagt er darum, und davon ist er ehrlich überzeugt.

Die Verwirrung ist groß. Die Hochzeitsgäste, Männer wie Frauen, begreifen längst nicht mehr, was hier vorgeht, doch alle meinen: Wenn Siegfried im Recht ist, darf er die falsche Behauptung nicht hinnehmen, sondern muss einen Eid schwören.

Siegfried willigt ohne Bedenken ein. Warum soll er nicht vor allen Menschen bekunden, was doch die reine Wahrheit ist?

Die Männer stellen sich im Kreis um Siegfried herum. Hagen hält ihm die Spitze seines Speeres entgegen. Siegfried legt zwei Finger der rechten Hand darauf und schwört, der Speer solle ihn treffen, wenn Brünnhilde die Wahrheit gesprochen habe.

Kaum hat er geendet, tritt die betrogene Brünnhilde in den Kreis, reißt wütend Siegfrieds Hand vom Speer, legt ihre darauf und schwört ebenfalls einen Eid: Der Speer soll Siegfried treffen, weil er soeben einen Meineid geschworen hat.

Siegfried ist sich keiner Falschheit bewusst; allerdings fragt er sich insgeheim, ob ihn am Ende die Tarnkappe nur halb verdeckt hat, so dass die Täuschung nicht ganz gelungen ist.

Er bittet Gunther, sich um Brünnhilde zu kümmern. Sicher werde sie sich bald beruhigen und später froh sein, Gunthers Frau zu werden.

Und nun zum Teufel mit Trübsinn und Traurigkeit! Ein Freudentag soll es werden, ein Tag zum Feiern und Fröhlichsein. Also auf zum Hochzeitsmahl! Siegfried legt den Arm um die glückliche Gutrune und zieht sie mit sich ins Haus. Die Gäste folgen gern. Gunther und Brünnhilde bleiben zurück – Hagen ebenfalls. Nach einem fröhlichen Hochzeitsschmaus ist ihnen nicht zu Mute.

Brünnhilde starrt vor sich hin. Sie ahnt, dass hier etwas nicht mit rechten Dingen zugeht, dass Zauberei und böse List im Spiel sind und dass ein Unhold die Fäden in der Hand hält. Gunther ist verstimmt. Er setzt sich abseits und vergräbt das Gesicht in den Händen. Hagen dagegen ist hellwach und nutzt den Augenblick. Arglistig flüstert er Brünnhilde zu: »Habe Vertrauen zu mir, ich werde dich rächen.«

»Rächen? An wem denn?«

»An Siegfried, der dich betrogen hat.«

Brünnhilde lacht bitter: »Du willst gegen Siegfried bestehen, den Stärksten und Mutigsten?« Hagen entgegnet: »Ich kenne Siegfrieds Kraft und weiß, dass jeder ihm im Kampf unterliegt, aber vielleicht kannst du mir einen Rat geben, wie es möglich wäre.«

Brünnhilde ist so tief verletzt, dass sie blindlings antwortet. So erfährt Hagen mühelos, was sonst keiner weiß, dass nämlich nur derjenige Siegfried besiegen kann, der ihn im Rücken trifft. Allerdings kehrt Siegfried niemals dem Feind den Rücken, niemals ergreift er die Flucht. »Und genau dort wird mein Speer ihn treffen.«, frohlockt Hagen.

Zu Gunther sagt er rasch: »Dir kann nur eines helfen – Siegfrieds Tod.«

Gunther graust es. »Siegfrieds Tod? Wir sind Blutsbrüder, vergiss das nicht!«

»Er hat den Bund gebrochen.«

»Hat er das wirklich getan?«

»Er hat dich verraten und betrogen.«

»Hat er mich wirklich verraten?« Gunther ist voller Zweifel, Brünnhilde jedoch pflichtet Hagen bei: »Er hat dich verraten. Ihr alle habt mich verraten. Doch mir soll Siegfrieds Tod genügen.« Gunther zaudert. Er will nicht zustimmen.

»Glaub mir«, sagt Hagen, »Siegfrieds Tod kann dir nur nützen. Du wirst groß und mächtig werden, wenn du den Ring gewinnst, den du ihm lebend niemals entreißen kannst.«

»Brünnhildes Ring?«, fragt Gunther.

»Des Nibelungen Ring!«, entgegnet Hagen.

Gunther seufzt: »Und was wird Gutrune sagen?«

»Müssen wir es ihr erzählen?«, fragt Hagen. »Für morgen ist der Jagdausflug angesetzt – dann war es eben ein Unfall.«

Widerstrebend gibt Gunther seine Bedenken auf, bis er schließlich mit Brünnhilde einig ist. Die beiden fassen sich bei den Händen und gehen ins Haus, wo Siegfried und Gutrune sie erwarten.

Hagen bleibt allein zurück. Er ist zufrieden. Morgen wird Siegfried sterben, und er, Hagen, wird den Ring erbeuten. Er muss nur höllisch aufpassen.

Siegfrieds Tod und das Ende der Götter

In der Morgensonne tauchen drei Köpfe aus den Fluten des Rheins auf. Die Nixen zieht es ans Licht, denn bei ihnen unten herrscht Finsternis, seit Alberich das Rheingold gestohlen hat.

Sie vernehmen Hörnerklang und schauen suchend den Hang hinauf. Oben steht Siegfried. Jetzt steigt er durch den Wald hinab und kommt ans Ufer – eine gute Gelegenheit für einen morgendlichen Schwatz. Vergnügt plaudern sie miteinander, lachen, necken sich und sind guter Dinge. Als die Rheintöchter den goldenen Ring an Siegfrieds Finger entdecken, bitten sie Siegfried, ihnen diesen zu schenken.

Siegfried zögert. Sie betteln und schmeicheln, aber sie haben kein Glück.

Daraufhin tauchen die Nixen geschwind unter und sind eine ganze Weile nicht zu sehen. Als sie wieder aus dem Wasser schauen, sehen sie plötzlich sehr ernst aus. Schade, denkt Siegfried, nun ist der Plausch beendet, und damit hat er Recht. Die Nixen teilen ihm schlimme Dinge mit. Sie sagen, der Ring an seinem Finger, aus ihrem Rheingold geschmiedet, sei verflucht für alle Zeiten. Er bringe jedem, der ihn trage, den Tod. Heute noch werde es Siegfried treffen, heute noch werde er sterben, wenn er sich nicht von dem Ring trenne und ihn unverzüglich zurückgebe.

Da soll sich einer auskennen, denkt Siegfried, erst schmeicheln und betteln sie, um den Ring zu bekommen, und nun, wo es nichts genützt hat, wollen sie mir einen gehörigen Schrecken einjagen.

Dabei – wenn er's recht überlegt – könnten sie den Ring ja haben, wo ihnen doch so viel daran liegt. Er braucht ihn nicht. Im Gegenteil, das Ding hat bloß Ärger gebracht.

Wenn die dummen Nixen ihm nur nicht gedroht hätten! Drohen lässt Siegfried sich nicht, und Furcht hat er auch keine. Wenn er ihnen jetzt den Ring schenkt, glauben sie am

Ende noch, dass er sich vor ihrer Weissagung fürchtet. Nein – das gefällt ihm nicht. Lieber behält er den Ring.

Wieder tönt Hörnerklang von der Höhe ins Tal. Nun kommen auch Gunther und Hagen mit dem Gefolge herab, um am Fluss zu rasten, wo es frisch und kühl ist. Trinkhörner werden gefüllt und herumgereicht. »Sag mal, Siegfried«, spricht Hagen ihn an, »ich habe gehört, dass du die Sprache der Vögel verstehst. Stimmt das eigentlich?«

»Ich habe schon lange nicht mehr darauf geachtet«, antwortet Siegfried, der sich zwischen Gunther und Hagen gelagert hat. Warum ist Gunther nur so schweigsam? Was bedrückt ihn? Gern möchte er ihn erheitern. »He, Gunther, soll ich dir Geschichten erzählen aus früheren Tagen?«

Natürlich möchte Gunther die hören, und die anderen in der Runde spitzen gleichfalls die Ohren, rücken näher heran und bilden einen Kreis um Siegfried. Er beginnt mit Mime, dem mürrischen Zwerg, erzählt vom Schwerterschmieden und vom Kampf mit dem Drachen, auch vom Drachenblut, und dass er zufällig daran geleckt habe, worauf er das Vöglein verstehen konnte, das ihn zum Nibelungenhort gewiesen, ihn aufmerksam machte auf Tarnkappe und Ring.

Nie haben die Männer etwas Spannenderes gehört. Doch bei Mimes Tod bricht Siegfried plötzlich ab. Weiß er nicht weiter? Sein Abenteuer ist doch nicht zu Ende. Kann er sich nicht erinnern?

Hagen, der Verräter, hält nicht ohne Grund sein Trinkhorn noch in der Hand. Jetzt drückt er den Saft eines geheimnisvollen Krautes darin aus und reicht es Siegfried. »Trink nur«, fordert er Siegfried auf, »ich habe den Trank gewürzt, um deine Erinnerung zu wecken.«

Der unglückselige Siegfried trinkt in vollen Zügen – und dann weiß er tatsächlich, wie es weitergegangen ist: »Der Vogel hat mir den Weg zum Felsen gezeigt, wo ein Feuer brannte und wo Brünnhilde schlief.« Gunther horcht erschrocken auf. Siegfried jedoch erzählt arglos weiter. Alle hören, wie er Brünnhilde erweckt hat. Doch dann gerät er ins Stocken und spricht immer bekümmerter. Etwas Unfassbares muss sich ereignet haben, das er nicht begreift. Ist grausamer Zauber im Spiel?

Siegfried ist außer sich. Er springt auf und wendet Hagen dabei den Rücken zu. Auf diesen Augenblick hat der Schurke gewartet. Hinterrücks stößt er zu. Gunther, der ihm in den Arm fällt, kann den Speer nicht mehr aufhalten.

Siegfried schwingt mit beiden Händen seinen mächtigen Schild empor, um ihn auf Hagen niederzuschmettern, aber die Kräfte verlassen ihn. Der Schild sinkt zu Boden, und Siegfried stürzt zu Tode getroffen darüber hin. Starr vor Entsetzen blicken alle auf Hagen, der den Männern eine Erklärung schuldet. »Siegfried hat einen falschen Eid geschworen«, behauptet er, »er hat geleugnet, Brünnhildes Mann zu sein. Soeben hat er die Wahrheit gesprochen, wie jeder hören konnte. Der Meineid musste gerächt werden.«

Gleichgültig entfernt Hagen sich daraufhin. Die Männer heben den toten Siegfried auf den Schild und tragen ihn in traurigem Zug zur Höhe hinauf.

In der prächtigen Gibichungenhalle wartet Gutrune auf Siegfrieds Heimkehr. Unruhig lauscht sie in die Ferne. Warum kündet sein Horn ihn nicht an? Statt dessen vernimmt sie Hagens Stimme und Furcht befällt sie.

Hagen tritt ein und fordert Gutrune auf, Siegfried zu begrüßen. »Was bringen die Leute da?« fragt sie voller Angst.

»Sie bringen Siegfried, deinen toten Mann«, antwortet Hagen, »ein wilder Eber hat ihn getötet.« Siegfrieds Leiche wird in der Halle niedergesetzt. Vergeblich versucht Gunther, die Schwester aufzurichten. Sie stößt ihn von sich und ahnt wohl, daß es kein Wild war, dem Siegfried zum Opfer fiel. War etwa Gunther der Verbrecher?

Gunther kann den stummen Verdacht nicht ertragen. Da schreit er es heraus: »Hagen war der verfluchte Eber! Hagen hat Siegfried vernichtet!«

Der Mörder leugnet die heimtückische Tat nicht. Trotzig erhebt er die Stimme: »Du hast Recht, ich habe ihn getötet. Er hat einen Meineid geschworen bei meinem Speer. Jetzt habe ich mir das Beuterecht verdient. Das Einzige, was ich fordere, ist der Ring – weiter nichts!«

Gunther widerspricht und sagt: »Gutrune ist die rechtmäßige Erbin des Ringes.«

»Du irrst dich«, entgegnet Hagen, »der Ring gehört in Wirklichkeit Alberich, und für Alberich nehme ich ihn jetzt an mich.«

Gunther will Hagen Gutrunes Erbe nicht überlassen. Sie streiten miteinander und greifen zu den Waffen. Ein paar Männer werfen sich zwischen die Kämpfenden – doch zu spät, Hagen hat Gunther bereits tödlich getroffen.

Raffgierig stürzt er sich auf den Ring. Da hebt sich Siegfrieds Totenhand drohend empor – nie hat man jemals Grausigeres gesehen. Hagen schaudert es, er weicht zurück. Die Frauen schreien auf. Alle stehen regungslos.

Brünnhilde fasst sich als erste. Sie wiederholt noch einmal, was ihr vordem niemand geglaubt hat: Siegfried war ihr Mann und nicht Gunther; Siegfried hatte ihr Treue gelobt, ehe er Gutrune überhaupt sah.

Gutrune klagt verzweifelt: »Verfluchter Hagen, du hast mir zu dem Gift geraten, durch das Siegfried Brünnhilde vergaß.«

Am Ufer schichten die Männer große Holzscheite auf. Blumen und Kräuter werden gestreut. Als der tote Siegfried vorbeigetragen wird, streift Brünnhilde ihm den Ring vom Finger. Sie steckt ihn an ihre Hand, betrachtet ihn lange und sagt: »Unseliger Ring, ich gebe dich zurück in die Fluten. Nehmt ihn euch wieder, Töchter des Rheins, nehmt ihn aus meiner Asche! Das Feuer, das mich verbrennen wird, reinigt ihn vom Fluch. Bewahrt ihn euch als lichtes Gold in der Tiefe!«

Die Männer haben Fackeln entfacht, von denen Brünnhilde nun eine ergreift und in den Holzstoß schleudert. »Merkt auf, ihr Leute«, ruft sie, »und hört, was ich noch zu sagen habe. Wenn das Feuer, das Siegfried verbrennt, auch mich verbrannt haben wird, wenn die Rheintöchter den Ring in die Tiefe genommen haben, dann blickt nach Norden! Und seht ihr dort hellen Feuerschein am Nachthimmel glühen, so wisst ihr, dass Walhalls Ende gekommen ist.«

Damit stürzt sie sich in die Flammen.

Prasselnd steigt der Brand in die Höhe.

Als das Feuer zusammenbricht, schwillt plötzlich der Rhein vom Ufer her mächtig an und wälzt seine Flut über die Brandstätte. Mit ihr kommen die Rheintöchter angeschwommen. Hagen, der den Verbleib des Ringes mit wachsender Angst verfolgt hat, gerät beim Anblick der Nixen in wilde Panik. Wie wahnsinnig schreit er: »Weg von dem Ring!« Kopflos stürzt er sich in die Fluten. Doch anstatt den Ring zu erbeuten, wird er von zwei Nixen gepackt und in die Tiefe gezogen, während die dritte Nixe jubelnd das wiedergewonnene Gold in die Höhe hält.

Kaum ist die Flutwelle ins Flussbett zurückgerollt, da sehen es alle: Der Himmel glüht. Walhall steht in Flammen. Das Ende der Götter dämmert nicht länger herauf, es ist da. Ob es der Weltuntergang ist?

Die Menschen sind erschüttert. Sie stehen wie versteinert unter dem taghellen Nachthimmel. Erst gegen Morgen verblasst der Feuerschein. Mit dem ersten Sonnenstrahl aber beginnt ein neuer Tag.

Was Philipp meint

»Ich bin froh, dass die Nixen den Ring wieder haben und dass kein Fluch mehr daran klebt«, stellt Philipp erleichtert fest, als Vater mit der Geschichte zu Ende ist.
Dann fragt er: »Was ist eigentlich aus der Tarnkappe geworden?«
»Die hatte Siegfried ja im Gürtel stecken«, sagt Vater, »da ist sie wohl mit dem Leichnam zusammen verbrannt.«
»Verbrannt«, überlegt Philipp, »bestimmt nicht, höchstens geschmolzen, sie war doch aus Metall … aber dann müsste der Ring doch auch geschmolzen sein …«
Vater ist verdutzt. Er muss nachdenken.
Eine Weile schweigen beide.
»Weißt du was«, sagt Vater dann, »ich glaube, du hast völlig Recht. Das ist überhaupt die Lösung.«
»Was für 'ne Lösung?« Jetzt ist Philipp verdutzt.
»Also – der Fluch war ja durch das Feuer getilgt, das ist klar«, sagt Vater, »was mir keine Ruhe lässt, ist die Sache mit der Macht, die der Ring verleihen konnte. Wo ist die geblieben? Es kann eigentlich nur so gewesen sein, dass der Ring zu Gold zusammengeschmolzen war, als die Nixen ihr Eigentum zurückholten.«

»Ach, so meinst du das«, sagt Philipp, »dann hätte sich die Sache mit der Macht von selbst erledigt, weil es gar kein Ring mehr war.«
»Genau so hab ich's gemeint. Brünnhilde hat doch zum Schluss gesagt, dass die Rheintöchter den Ring als lichtes Gold bewahren sollen. Und da sie ihn wohl schlecht im Wasser auflösen und zu Gold machen können, muss es das Feuer getan haben.«
»Da ist noch was«, sagt Philipp, »als Alberich das Gold gestohlen hat, war es ein großer Klumpen, und für den Ring hat er doch gar nicht alles gebraucht. Wo ist denn der Rest geblieben?«
»Du möchtest ihn wohl haben, was? Aber wart mal, lass uns der Reihe nach überlegen. Also: Alberich musste alles, was er besaß, für seine Freilassung abliefern … infolgedessen wird der Rest vom Rheingold dabei gewesen sein. Von da an war es nicht mehr auseinander zu halten, und nun liegt sowieso alles in Fafners Höhle.«
»Liegt es da immer noch?« fragt Philipp.
»Selbstverständlich«, sagt Vater, »wenn keiner den Schatz gefunden hat, so liegt er da noch heute.«

Über die Autorin

Sonny Kunst stammt aus Bremen und lebt – verheiratet, zwei erwachsene Söhne, fünf Enkelkinder – in Bremerhaven. Sie studierte Pädagogik, arbeitete als Lehrerin, blieb auch im Beruf, nachdem sie eine eigene Familie hatte. Da ihr Mann Musikliebhaber ist, begleitete sie ihn eines Tages nach Bayreuth ins Festspielhaus und sah Richard Wagners Oper *Der Ring des Nibelungen*. Während der Aufführung traf sie wie ein Blitz der Gedanke, diese einzigartige Geschichte Kindern zu erzählen. Man riet ihr ab, der Stoff sei zu schwierig – doch er ließ sie nicht los. Nach mehr als zehn Jahren war das Buch da.

Sonny Kunst schreibt für Kinder und Erwachsene. Sie veröffentlichte Geschichten und Gedichte, Bücher sowie Beiträge in Zeitschriften und Sammelwerken. Sie erhielt eine Auszeichnung der Deutschen Akademie für Kinder- und Jugendliteratur. Zahlreiche Liedtexte wurden vertont und sind auf Tonträgern erschienen.

Über die Illustratorin

Monika Laimgruber wurde in Klagenfurt, Österreich, geboren. Angeregt durch die vielfältigen künstlerischenTätigkeiten ihres Vaters, der Bühnenmaler war, begann sie früh zu zeichnen und sah schon als Kind viele Opern und Theatervorstellungen. Sie zog als Kind mit ihrer Familie nach Hamburg, wo der Vater an der Staatsoper tätig war. Dort studierte sie an der Hochschule für bildende Künste Frei-Grafik und Buchgestaltung. Während des Studiums entstand das erste Buch. Sie lebt in Bern in der Schweiz und wohnte auch viele Jahre in Salzburg. Hier und dort entstanden über hundert Bücher: Bilderbücher, die in vielen Ländern erschienen sind, Märchensammlungen, Liederbücher, Illustrationen zu Kinderbüchern, außerdem auch Bühnenbilder, Kostümentwürfe, Plakate und Bildergeschichten für das Fernsehen. Ihre Bücher waren oft unter den „Schönsten Schweizer Büchern“ und unter den „Schönsten Büchern Österreichs“, zweimal erhielt sie den Illustrationspreis der Stadt Wien, einmal den Staatspreis Österreichs für Illustration, einmal war sie auf der Ehrenliste zum Hans-Christian-Andersen-Preis.

Inhalt

Geschichten mit Musik

Kurt Brüggemann / Waltraute Macke-Brüggemann

Beethovens „Fidelio“

Die Oper wird erzählt und erklärt von Kurt Brüggemann, mit Bildern von Waltraute Macke-Brüggemann. Theo Adam erzählt auf der CD / MC die wahre Begebenheit vom tollkühnen Wagemut des jungen Fidelio. Musikbeispiele mit Christa Ludwig, Jon Vickers, Ingeborg Hallstein u.a. Gespielt vom Philharmonie-Orchester und Chor London. Leitung: Otto Klemperer.

DEUTSCHER MUSIKEDITIONSPREIS 1993 (Sonderkategorie)

MH 9007 Buch ISBN 978-3-938223-08-6
MH 9007 CD ISBN 978-3-938223-41-3
MH 9007 MC ISBN 978-3-938223-42-0

Johanna Adorján / Monika Heinrich / Michael Rüggeberg / Albrecht Trebies

Humperdincks „Hänsel und Gretel“

Die Oper des weltberühmten Märchens wird von Albrecht Trebies in für Kinder leicht verständlicher Weise erzählt, die Bilder sind von Johanna Adorján.

Das Hörspiel mit 10 leicht spielbaren Sing- und Musizierstücken erzählt Helmut Lohner. Musikbeispiele mit Hermann Prey, Edda Moser u.a. Es spielt das Gürzenich-Orchester Köln unter der Leitung von Heinz Wallberg.

MH 9009 Buch ISBN 978-3-938223-10-9
MH 9009 CD ISBN 978-3-938223-43-7
MH 9009 MC ISBN 978-3-938223-44-4

Kurt Brüggemann / Waltraute Macke-Brüggemann

Mozarts „Zauberflöte“

Das Buch erzählt die Geschichte der Oper, ideal ergänzt mit kleinen Liedern, Arien und Stücken, leicht gesetzt für Gesang, Blockflöte, Klavier oder Stabspiele.

Als Hörspiel mit Musik auf CD oder MC, Sprecher: Theo Adam. Musikbeispiele mit Kurt Moll, Peter Schreier, Edda Moser u.a. Es spielt das Orchester der Bayerischen Staatsoper unter der Leitung von Wolfgang Sawallisch.

MH 9003 Buch ISBN 978-3-938223-01-7
MH 9003 CD ISBN 978-3-938223-37-6
MH 9003 MC ISBN 978-3-938223-38-3

Johanna Adorján / Monika Heinrich / Michael Rüggeberg / Albrecht Trebies

Mozarts „Entführung aus dem Serail“

Albrecht Trebies erzählt die Geschichte. Mit Bildern von Johanna Adorján untermalt. Einrichtung der Musikstücke von Michael Rüggeberg.

Die Handlung des Singspiels von W.A. Mozart auf CD oder MC mit vielen Musikbeispielen von Peter Schreier, Kurt Moll, Reri Grist u.a. wird von Helmut Lohner gesprochen.

Es spielt die Staatskapelle Dresden unter der Leitung von Karl Böhm.

DEUTSCHER MUSIKEDITIONSPREIS 1995 (Sonderkategorie)

MH 9006 Buch ISBN 978-3-938223-12-3
MH 9006 CD ISBN 978-3-938223-47-5
MH 9006 MC ISBN 978-3-938223-48-2

Verdis „Aida“

Helmut Lohner liest die märchenhafte Liebesgeschichte aus dem alten Ägypten eindrucksvoll und spannend. Musikbeispiele mit Ruggero Raimondi, Placido Domingo, Nicolai Ghiaurov u.a. Es singen und spielen Chor und Orchester des Teatro alla Scala unter der Leitung von Claudio Abbado.

MH 9010 CD
MH 9010 MC

Orffs „Der Mond“

„Das kleine Welttheater“ wird von Godela Orff, der Tochter des Komponisten, gelesen.

Es singen und spielen der Rundfunkchor Leipzig und das Rundfunk-Sinfonieorchester Leipzig unter der Leitung von Herbert Kegel.

Gute Musik für Kinder – LEOPOLD '99 – Medienpreis des Verbandes deutscher Musikschulen

MH 9019 CD
MH 9019 MC

Haydns „Schöpfung“

Eindrucksvolles Hörspiel über die Entstehung unseres Weltalls und unseres Planeten, erzählt von Helmut Lohner. Musikbeispiele mit Gundula Janowitz, Christa Ludwig, Fritz Wunderlich u.a. Es spielen die Berliner Philharmoniker, Dirigent: Herbert von Karajan.

MH 9012 CD
MH 9012 MC

Albrecht Trebies / Mommak Kouliev / Michael Rüggeberg

Prokofieffs „Peter und der Wolf“

Eine sinfonische Erzählung für Kinder mit einer lustigen Vorstellung der Musikinstrumente, reich illustriert von Mommak Kouliev.

Helmut Lohner und Julia Mewes erzählen das musikalische Hörspiel und erklären die Soloinstrumente nach einem Text von Albrecht Trebies. Es spielen die Wiener Philharmoniker unter der Leitung von Karl Böhm.

MH 9017 Buch ISBN 3-920456-32-7
MH 9017 CD
auch als MC erhältlich: MH 9017 MC

ür Kinder und Jugendliche

Gerhard Polt liest Ludwig Thoma: Lausbubengeschichten

Unterlegt mit Musik von Christoph Well. Mit „Lausbubengeschichten“ hat Ludwig Thoma eines seiner berühmtesten und humorvollsten Werke auch für junge Leser bzw. Hörer geschaffen. Gerhard Polt, Schriftsteller, Schauspieler, Regisseur, Kabarettist und Sänger, wurde 1942 in München geboren und ist in Altötting aufgewachsen. Polt studierte in München und Göteborg skandinavische Sprachen. Er lebt und arbeitet abwechslungsweise in München, Schliersee und Terracina.

MH 2110 CD
MH 2110 MC

Wilhelm Buschs „Max und Moritz“

Der originale Text mit witziger und unaufdringlicher Musikuntermalung von Michael Rüggeberg. Wilhelm Busch war Dichter, Maler und Zeichner in einer Person. Seine wohl berühmteste Bildergeschichte „Max und Moritz“ (1865) liest Helmut Lohner.

MH 9018 CD
MH 9018 MC

Zirkus der Musikinstrumente

Ein Hörspiel für Kinder mit Helmut Lohner und Julia Mewes über die Instrumente des Orchesters – mit lustigen Klang- und Musikbeispielen. Die unterhaltsame Einspielung dient als gute Anregung für Kinder, ein Musikinstrument zu erlernen und ist auch im Musikunterricht ideal einsetzbar. Es spielen u.a. Solisten der Münchner Philharmoniker und des Sinfonieorchesters des Bayerischen Rundfunks.

MH 9013 CD
MH 9013 MC

Alles im Buch- oder Musikalienhandel erhältlich.
Bitte fordern Sie auch unsere aktuellen Kataloge an:

www.allegra-musikverlag.de

Kurt Brüggemann / Waltraute Macke-Brüggemann

Webers „Freischütz“

Die abenteuerliche und auch rätselhafte Geschichte vom „Freischütz“ erzählt und erklärt von Kurt Brüggemann.
Das Hörspiel auf CD oder MC erzählt die Handlung der Oper von Carl Maria von Weber, Sprecher: Theo Adam.
Musikbeispiele mit den Sängern Hermann Prey, Elisabeth Grümmer u.a. Es spielen die Berliner Philharmoniker unter der Leitung von Joseph Keilberth.

MH 9005 Buch ISBN 978-3-938223-07-9
MH 9005 CD ISBN 978-3-938223-39-0
MH 9005 MC ISBN 978-3-938223-40-6

Wilfried Hiller

Christian-Morgenstern-Kinderliederbuch

Komponiert und zusammengestellt von Wilfried Hiller auf Gedichte von Christian Morgenstern.
Es singen und spielen der Chor und Instrumentalisten des Pestalozzi-Gymnasiums München. Leitung: Rita Weindauer.
Das Buch ist reich verziert mit zweifarbigen Bildern und Umrandungen von Marcel Vanek.
Aus dem Inhalt: Herr Winter geh hinter; Hasen-Landler; Sieh nicht, was andre tun; Seufzer-Walzer u.v.a.

MH 2107 Buch ISBN 978-3-938223-15-4
MH 2107 CD ISBN 978-3-938223-53-6
MH 2107 MC ISBN 978-3-938223-54-3

Julia Mewes / Michael Rüggeberg / Albrecht Trebies

Saint-Saëns’ „Karneval der Tiere“

Große zoologische Fantasie nach einem Text von Albrecht Trebies mit Farbillustrationen von Julia Mewes.
Helmut Lohner erzählt und erklärt das Hörspiel mit neun leicht spielbaren Stücken für Klavier zu vier Händen. Es spielen Güher und Süher Pekinel (Klavier-Duett) und das Orchestre Philharmonique de Radio France unter der Leitung von Marek Janowski.

Gute Musik für Kinder
LEOPOLD '97
Medienpreis des Verbandes deutscher Musikschulen

MH 9011 Buch ISBN 978-3-938223-13-0
MH 9011 CD ISBN 978-3-938223-49-9
MH 9011 MC ISBN 978-3-938223-50-5

Ivana de Vert / Michael Rüggeberg

Serafin Violin

Eine lustige Erzählung für junge Musikanten über die Mühsal und Freude am eigenen Musizieren. Mit zahlreichen Farbaquarellen von Frantisek Skála.
Erzählt wird das spannende Hörspiel von Helmut Lohner, André Heller, Ricarda Reinisch, Sunnyi Melles u.a.
Die wunderschöne Musik wurde komponiert von Michael Rüggeberg.

MH 9008 Buch ISBN 978-3-938223-11-6
MH 9008 CD ISBN 978-3-938223-45-1
MH 9008 MC ISBN 978-3-938223-46-8

DIE
RHEINTÖCHTER
WOTAN
ALBERICH